I0157863

BIELORRUSSO
V O C A B U L Á R I O

PORTUGUÊS BRASILEIRO

PORTUGUÊS
BIELORRUSSO

Para alargar o seu léxico e apurar
as suas competências linguísticas

3000 palavras

Vocabulário Português Brasileiro-Bielorrusso - 3000 palavras
Por Andrey Taranov

Os vocabulários da T&P Books destinam-se a ajudar a aprender, a memorizar, e a rever palavras estrangeiras. O dicionário é dividido em temas, cobrindo todas as principais esferas de atividades quotidianas, negócios, ciência, cultura, etc.

O processo de aprendizagem, utilizando os dicionários baseados em temáticas da T&P Books dá-lhe as seguintes vantagens:

- Informação de origem corretamente agrupada predetermina o sucesso em fases subsequentes da memorização de palavras
- Disponibilização de palavras derivadas da mesma raiz, o que permite a memorização de unidades de texto (em vez de palavras separadas)
- Pequenas unidades de palavras facilitam o processo de estabelecimento de vínculos associativos necessários para a consolidação do vocabulário
- O nível de conhecimento da língua pode ser estimado pelo número de palavras aprendidas

T&P Books Publishing
www.tpbooks.com

ISBN: 978-1-78767-410-3

Este livro também está disponível em formato E-book.
Por favor visite www.tpbooks.com ou as principais livrarias on-line.

VOCABULÁRIO BIELORRUSSO
palavras mais úteis

Os vocabulários da T&P Books destinam-se a ajudar a aprender, a memorizar, e a rever palavras estrangeiras. O vocabulário contém mais de 3000 palavras de uso comum organizadas tematicamente.

O vocabulário contém as palavras mais comummente usadas
Recomendado como adicional para qualquer curso de línguas
Satisfaz as necessidades dos iniciados e dos alunos avançados de línguas estrangeiras
Conveniente para o uso diário, sessões de revisão e atividades de auto-teste
Permite avaliar o seu vocabulário

Características especias do vocabulário

- As palavras estão organizadas de acordo com o seu significado, e não por ordem alfabética
- As palavras são apresentadas em três colunas para facilitar os processos de revisão e auto-teste
- As palavras compostas são divididas em pequenos blocos para facilitar o processo de aprendizagem
- O vocabulário oferece uma transcrição simples e adequada de cada palavra estrangeira

O vocabulário contém 101 tópicos incluindo:

Conceitos básicos, Números, Cores, Meses, Estações do ano, Unidades de medida, Roupas & Acessórios, Alimentos & Nutrição, Restaurante, Membros da Família, Parentes, Caráter, Sentimentos, Emoções, Doenças, Cidade, Passeios, Compras, Dinheiro, Casa, Lar, Escritório, Trabalho no Escritório, Importação & Exportação, Marketing, Pesquisa de Emprego, Esportes, Educação, Computador, Internet, Ferramentas, Natureza, Países, Nacionalidades e muito mais ...

TABELA DE CONTEÚDOS

GUIA DE PRONUNCIAÇÃO

Letra	Exemplo Bielorrusso	Alfabeto fonético T&P	Exemplo Português
А а	Англія	[a]	chamar
Б б	бульба	[b]	barril
В в	вечар	[v]	fava
Г г	галава	[ɦ]	agora
Д д	дзіця	[d]	dentista
Дж дж	джаз	[dʒ]	adjetivo
Е е	метр	[ɛ]	mesquita
Ё ё	вясёлы	[jɔ]	ioga
Ж ж	жыццё	[ʒ]	talvez
З з	заўтра	[z]	sésamo
I і	нізкі	[i]	sinônimo
Й й	англійскі	[j]	Vietnã
К к	красавік	[k]	aquilo
Л л	лінія	[l]	libra
М м	камень	[m]	magnólia
Н н	Новы год	[n]	natureza
О о	опера	[ɔ]	emboço
П п	піва	[p]	presente
Р р	морква	[r]	riscar
С с	соль	[s]	sanita
Т т	трус	[t]	tulipa
У у	ізумруд	[u]	bonita
Ў ў	каўбаса	[w]	página web
Ф ф	футра	[f]	safári
Х х	захад	[h]	[h] aspirada
Ц ц	цэнтр	[ts]	tsé-tsé
Ч ч	пачатак	[tʃ], [ɕ]	Tchau!
Ш ш	штодня	[ʃ]	mês
Ь ь	попельніца	[ʲ]	sinal suave
Ы ы	рыжы	[ɨ]	sinônimo
'	сузор'е	[ʼ]	sinal forte
Э э	Грэцыя	[ɛ]	mesquita
Ю ю	плюс	[ʉ]	nacional
Я я	трусяня	[ja], [ʲa]	Himalaias

Combinações de letras

дз	дзень	[dz]	pizza
дзь	лебедзь	[dʑ]	tajique
дж	джаз	[dʒ]	adjetivo

ABREVIATURAS
usadas no vocabulário

Abreviaturas do Português

adj	-	adjetivo
adv	-	advérbio
anim.	-	animado
conj.	-	conjunção
desp.	-	esporte
etc.	-	Etcetera
ex.	-	por exemplo
f	-	nome feminino
f pl	-	feminino plural
fem.	-	feminino
inanim.	-	inanimado
m	-	nome masculino
m pl	-	masculino plural
m, f	-	masculino, feminino
masc.	-	masculino
mat.	-	matemática
mil.	-	militar
pl	-	plural
prep.	-	preposição
pron.	-	pronome
sb.	-	sobre
sing.	-	singular
v aux	-	verbo auxiliar
vi	-	verbo intransitivo
vi, vt	-	verbo intransitivo, transitivo
vr	-	verbo reflexivo
vt	-	verbo transitivo

Abreviaturas do Bielorrusso

ж	-	nome feminino
ж мн	-	feminino plural
м	-	nome masculino
м мн	-	masculino plural
м, ж	-	masculino, feminino
мн	-	plural
н	-	neutro
н мн	-	neutro plural

CONCEITOS BÁSICOS

1. Pronomes

eu	я	[ˈa]
você	ты	[tɨ]
ele	ён	[ˈon]
ela	яна	[ˈaˈna]
ele, ela (neutro)	яно	[ˈaˈnɔ]
nós	мы	[ˈmɨ]
vocês	вы	[ˈvɨ]
eles, elas	яны	[ˈaˈnɨ]

2. Cumprimentos. Saudações

Oi!	Вітаю!	[viˈtau]
Olá!	Вітаю вас!	[viˈtau vas]
Bom dia!	Добрай раніцы!	[dɔbraj ˈranitsi]
Boa tarde!	Добры дзень!	[dɔbrɨ ˈdzenʲ]
Boa noite!	Добры вечар!	[dɔbrɨ ˈvetʃar]
cumprimentar (vt)	вітацца	[viˈtatsa]
Oi!	Прывітанне!	[priviˈtanne]
saudação (f)	прывітанне (н)	[priviˈtanne]
saudar (vt)	вітаць	[viˈtatsʲ]
Tudo bem?	Як маецеся?	[ˈak ˈmaetsesʲa]
E aí, novidades?	Што новага?	[ʃtɔ ˈnɔvaɦa]
Tchau! Até logo!	Да пабачэння!	[da pabaˈtʃɛnnʲa]
Tchau!	Да пабачэння!	[da pabaˈtʃɛnnʲa]
Até logo!	Бывай!	[bɨˈvaj]
Até breve!	Да хуткай сустрэчы!	[da ˈhutkaj susˈtrɛtʃi]
Adeus! (sing.)	Бывай!	[bɨˈvaj]
Adeus! (pl)	Бывайце!	[bɨˈvajtse]
despedir-se (dizer adeus)	развітвацца	[razˈvitvatsa]
Até mais!	Пакуль!	[paˈkulʲ]
Obrigado! -a!	Дзякуй!	[ˈdzʲakuj]
Muito obrigado! -a!	Вялікі дзякуй!	[vʲaˈliki ˈdzʲakuj]
De nada	Калі ласка.	[kaˈli ˈlaska]
Não tem de quê	Не варта падзякі	[nʲa ˈvarta paˈdzʲaki]
Não foi nada!	Няма за што.	[nʲaˈma za ˈʃtɔ]
Desculpa!	Прабач!	[praˈbatʃ]
Desculpe!	Прабачце!	[praˈbatʃtse]
desculpar (vt)	прабачаць	[prabaˈtʃatsʲ]

desculpar-se (vr)	прасіць прабачэння	[pra'sitsʲ praba'tʃɛnnʲa]
Me desculpe	Прашу прабачэння	[pra'ʃu praba'tʃɛnnʲa]
Desculpe!	Выбачайце!	[vɨba'tʃajtse]
perdoar (vt)	выбачаць	[vɨba'tʃatsʲ]
Não faz mal	Нічога страшнага.	[ni'tʃoɣa 'straʃnaɣa]
por favor	калі ласка	[ka'li 'laska]

Não se esqueça!	Не забудзьце!	[ne za'butsʲe]
Com certeza!	Вядома!	[vʲa'dɔma]
Claro que não!	Вядома, не!	[vʲa'dɔma, 'ne]
Está bem! De acordo!	Згоднзен!	['zhɔdzen]
Chega!	Хопіць!	['hɔpitsʲ]

3. Questões

Quem?	Хто?	['htɔ]
O que?	Што?	['ʃtɔ]
Onde?	Дзе?	['dze]
Para onde?	Куды?	[ku'dɨ]
De onde?	Адкуль?	[at'kulʲ]
Quando?	Калі?	[ka'li]
Para quê?	Навошта?	[na'vɔʃta]
Por quê?	Чаму?	[tʃa'mu]

Para quê?	Для чаго?	[dlʲa tʃa'hɔ]
Como?	Як?	['ʲak]
Qual (~ é o problema?)	Які?	[ʲa'ki]
Qual (~ deles?)	Каторы?	[ka'tɔri]

A quem?	Каму?	[ka'mu]
De quem?	Пра каго?	[pra ka'hɔ]
Do quê?	Пра што?	[pra 'ʃtɔ]
Com quem?	З кім?	[s kim]

Quanto, -os, -as?	Колькі?	['kɔlʲki]
De quem? (masc.)	Чый?	['tʃij]
De quem são …?	Чые?	[tʃie?]

4. Preposições

com (prep.)	з	[z]
sem (prep.)	без	['bes]
a, para (exprime lugar)	у	[u]
sobre (ex. falar ~)	аб	[ap]
antes de …	перад	['perat]
em frente de …	перад …	['perat …]

debaixo de …	пад	['pat]
sobre (em cima de)	над	['nat]
em …, sobre …	на	[na]
de, do (sou ~ Rio de Janeiro)	з	[z]
de (feito ~ pedra)	з	[z]

| em (~ 3 dias) | праз | ['pras] |
| por cima de ... | праз | ['pras] |

5. Palavras funcionais. Advérbios. Parte 1

Onde?	Дзе?	['dze]
aqui	тут	['tut]
lá, ali	там	['tam]

| em algum lugar | дзесьці | ['dzesʲtsi] |
| em lugar nenhum | нідзе | [ni'dze] |

| perto de ... | ля ... | [lʲa ...] |
| perto da janela | ля акна | [lʲa ak'na] |

Para onde?	Куды?	[ku'dɨ]
aqui	сюды	[sʉ'dɨ]
para lá	туды	[tu'dɨ]
daqui	адсюль	[a'tsʉlʲ]
de lá, dali	адтуль	[at'tulʲ]

| perto | блізка | ['bliska] |
| longe | далёка | [da'lʲoka] |

perto de ...	каля	[ka'lʲa]
à mão, perto	побач	['pobatʃ]
não fica longe	недалёка	[neda'lʲoka]

esquerdo (adj)	левы	['levi]
à esquerda	злева	['zleva]
para a esquerda	налева	[na'leva]

direito (adj)	правы	['pravi]
à direita	справа	['sprava]
para a direita	направа	[na'prava]

em frente	спераду	['speradu]
da frente	пярэдні	[pʲa'rɛdni]
adiante (para a frente)	наперад	[na'perat]

atrás de ...	ззаду	['zzadu]
de trás	ззаду	['zzadu]
para trás	назад	[na'zat]

meio (m), metade (f)	сярэдзіна (ж)	[sʲa'rɛdzina]
no meio	пасярэдзіне	[pasʲa'rɛdzine]
do lado	збоку	['zbɔku]
em todo lugar	усюды	[u'sʉdi]
por todos os lados	навакол	[nava'kɔl]

de dentro	знутры	[znu'tri]
para algum lugar	кудысьці	[ku'disʲtsi]
diretamente	наўпрост	[naw'prɔst]
de volta	назад	[na'zat]

| de algum lugar | адкуль-небудзь | [at'kulʲ 'nebutsʲ] |
| de algum lugar | аднекуль | [ad'nekulʲ] |

em primeiro lugar	па-першае	[pa 'perʃae]
em segundo lugar	па-другое	[pa dru'ɦɔe]
em terceiro lugar	па-трэцяе	[pa 'trɛtsʲae]

de repente	раптам	['raptam]
no início	напачатку	[napa'tʃatku]
pela primeira vez	упершыню	[uperʃi'nʉ]
muito antes de …	задоўга да …	[za'dɔwɦa da …]
de novo	нанава	['nanava]
para sempre	назусім	[nazu'sim]

nunca	ніколі	[ni'kɔli]
de novo	зноўку	['znɔwku]
agora	цяпер	[tsʲa'per]
frequentemente	часта	['tʃasta]
então	тады	[ta'di]
urgentemente	тэрмінова	[tɛrmi'nɔva]
normalmente	звычайна	[zvɨ'tʃajna]

a propósito, …	дарэчы, …	[da'rɛtʃɨ, …]
é possível	магчыма	[maɦ'tʃɨma]
provavelmente	напэўна	[na'pɛwna]
talvez	мабыць	['mabɨtsʲ]
além disso, …	акрамя таго, …	[akra'mʲa ta'ɦɔ, …]
por isso …	таму …	[ta'mu …]
apesar de …	нягледзячы на …	[nʲaɦ'ledzʲatʃɨ na …]
graças a …	дзякуючы …	['dzʲakuʉtʃɨ …]

que (pron.)	што	['ʃtɔ]
que (conj.)	што	['ʃtɔ]
algo	нешта	['neʃta]
alguma coisa	што-небудзь	[ʃtɔ'nebutsʲ]
nada	нічога	[ni'tʃɔɦa]

quem	хто	['htɔ]
alguém (~ que …)	хтосьці	['htɔsʲtsi]
alguém (com ~)	хто-небудзь	[htɔ'nebutsʲ]

ninguém	ніхто	[nih'tɔ]
para lugar nenhum	нікуды	[ni'kudɨ]
de ninguém	нічый	[ni'tʃɨj]
de alguém	чый-небудзь	[tʃɨj'nebutsʲ]

tão	так	['tak]
também (gostaria ~ de …)	таксама	[tak'sama]
também (~ eu)	таксама	[tak'sama]

6. Palavras funcionais. Advérbios. Parte 2

| Por quê? | Чаму? | [tʃa'mu] |
| por alguma razão | чамусьці | [tʃa'musʲtsi] |

porque …	бо …	[bɔ …]
por qualquer razão	наштосьці	[naʃ'tosʲtsi]

e (tu ~ eu)	і	[i]
ou (ser ~ não ser)	або	[a'bɔ]
mas (porém)	але	[a'le]
para (~ a minha mãe)	для	['dlʲa]

muito, demais	занадта	[za'natta]
só, somente	толькі	['tolʲki]
exatamente	дакладна	[da'kladna]
cerca de (~ 10 kg)	каля	[ka'lʲa]

aproximadamente	прыблізна	[prɨb'lizna]
aproximado (adj)	прыблізны	[prɨb'liznɨ]
quase	амаль	[a'malʲ]
resto (m)	астатняе (н)	[as'tatnʲae]

o outro (segundo)	другі	[dru'ɦi]
outro (adj)	другі, іншы	[dru'ɦi, in'ʃɨ]
cada (adj)	кожны	['kɔʒni]
qualquer (adj)	любы	[lʉ'bɨ]
muito, muitos, muitas	шмат	['ʃmat]
muitas pessoas	многія	['mnɔɦiʲa]
todos	усе	[u'se]

em troca de …	у абмен на …	[u ab'men na …]
em troca	наўзамен	[nawza'men]
à mão	уручную	[urutʃ'nuʉ]
pouco provável	наўрад ці	[naw'ratsi]

provavelmente	пэўна	['pɛwna]
de propósito	знарок	[zna'rɔk]
por acidente	выпадкова	[vipat'kɔva]

muito	вельмі	['velʲmi]
por exemplo	напрыклад	[na'priklat]
entre	між	['miʃ]
entre (no meio de)	сярод	[sʲa'rɔt]
tanto	столькі	['stolʲki]
especialmente	асабліва	[asa'bliva]

NÚMEROS. DIVERSOS

7. Números cardinais. Parte 1

zero	нуль (м)	['nulʲ]
um	адзін	[a'dzin]
dois	два	['dva]
três	тры	['tri]
quatro	чатыры	[ʧa'tiri]
cinco	пяць	['pʲatsʲ]
seis	шэсць	['ʃɛstsʲ]
sete	сем	['sem]
oito	восем	['vɔsem]
nove	дзевяць	['dzevʲatsʲ]
dez	дзесяць	['dzesʲatsʲ]
onze	адзінаццаць	[adzi'natsatsʲ]
doze	дванаццаць	[dva'natsatsʲ]
treze	трынаццаць	[tri'natsatsʲ]
catorze	чатырнаццаць	[ʧatir'natsatsʲ]
quinze	пятнаццаць	[pʲat'natsatsʲ]
dezesseis	шаснаццаць	[ʃas'natsatsʲ]
dezessete	семнаццаць	[sʲam'natsatsʲ]
dezoito	васемнаццаць	[vasʲam'natsatsʲ]
dezenove	дзевятнаццаць	[dzevʲat'natsatsʲ]
vinte	дваццаць	['dvatsatsʲ]
vinte e um	дваццаць адзін	[dvatsatsʲ a'dzin]
vinte e dois	дваццаць два	[dvatsatsʲ 'dva]
vinte e três	дваццаць тры	[dvatsatsʲ 'tri]
trinta	трыццаць	['tritsatsʲ]
trinta e um	трыццаць адзін	[tritsatsʲ a'dzin]
trinta e dois	трыццаць два	[tritsatsʲ 'dva]
trinta e três	трыццаць тры	[tritsatsʲ 'tri]
quarenta	сорак	['sɔrak]
quarenta e um	сорак адзін	[sɔrak a'dzin]
quarenta e dois	сорак два	[sɔrak 'dva]
quarenta e três	сорак тры	[sɔrak 'tri]
cinquenta	пяцьдзесят	[pʲadzʲa'sʲat]
cinquenta e um	пяцьдзесят адзін	[pʲadzʲa'sʲat a'dzin]
cinquenta e dois	пяцьдзесят два	[pʲadzʲa'sʲat 'dva]
cinquenta e três	пяцьдзесят тры	[pʲadzʲa'sʲat 'tri]
sessenta	шэсцьдзесят	['ʃɛzʲdzesʲat]
sessenta e um	шэсцьдзесят адзін	[ʃɛzʲdzesʲat a'dzin]

sessenta e dois	шэсцьдзесят два	[ʃɛzʲdzesʲat 'dva]
sessenta e três	шэсцьдзесят тры	[ʃɛzʲdzesʲat 'tri]
setenta	семдзесят	['semdzesʲat]
setenta e um	семдзесят адзін	[semdzesʲat a'dzin]
setenta e dois	семдзесят два	[semdzesʲat 'dva]
setenta e três	семдзесят тры	[semdzesʲat 'tri]
oitenta	восемдзесят	['vɔsemdzesʲat]
oitenta e um	восемдзесят адзін	[vɔsemdzesʲat a'dzin]
oitenta e dois	восемдзесят два	[vɔsemdzesʲat 'dva]
oitenta e três	восемдзесят тры	[vɔsemdzesʲat 'tri]
noventa	дзевяноста	[dzevʲa'nɔsta]
noventa e um	дзевяноста адзін	[dzevʲa'nɔsta a'dzin]
noventa e dois	дзевяноста два	[dzevʲa'nɔsta 'dva]
noventa e três	дзевяноста тры	[dzevʲa'nɔsta 'tri]

8. Números cardinais. Parte 2

cem	сто	['stɔ]
duzentos	дзвесце	[dzj'vesʲtse]
trezentos	трыста	['trista]
quatrocentos	чатырыста	[tʃa'tirista]
quinhentos	пяцьсот	[pʲatsʲ'sɔt]
seiscentos	шэсцьсот	[ʃɛstsʲ'ʲsɔt]
setecentos	семсот	[sem'sɔt]
oitocentos	восемсот	[vɔsem'sɔt]
novecentos	дзевяцьсот	[dzevʲatsʲ'ʲsɔt]
mil	тысяча	['tisʲatʃa]
dois mil	дзве тысячы	['dzʲve 'tisʲatʃi]
três mil	тры тысячы	['tri 'tisʲatʃi]
dez mil	дзесяць тысяч	['dzesʲatsʲ 'tisʲatʃ]
cem mil	сто тысяч	['stɔ 'tisʲatʃ]
um milhão	мільён (м)	[mi'lʲɔn]
um bilhão	мільярд (м)	[mi'lʲart]

9. Números ordinais

primeiro (adj)	першы	['perʃi]
segundo (adj)	другі	[dru'ɦi]
terceiro (adj)	трэці	['trɛtsi]
quarto (adj)	чацвёрты	[tʃats'vʲorti]
quinto (adj)	пяты	['pʲati]
sexto (adj)	шосты	['ʃɔsti]
sétimo (adj)	сёмы	['sʲomi]
oitavo (adj)	восьмы	['vɔsʲmi]
nono (adj)	дзевяты	[dzʲa'vʲati]
décimo (adj)	дзесяты	[dzʲa'sʲati]

CORES. UNIDADES DE MEDIDA

10. Cores

cor (f)	колер (м)	['kɔler]
tom (m)	адценне (н)	[a'tsenne]
tonalidade (m)	тон (м)	['tɔn]
arco-íris (m)	вясёлка (ж)	[vʲa'sʲolka]
branco (adj)	белы	['belʲi]
preto (adj)	чорны	['tʃɔrnʲi]
cinza (adj)	шэры	['ʃɛrʲi]
verde (adj)	зялёны	[zʲa'lʲonʲi]
amarelo (adj)	жоўты	['ʒɔwtʲi]
vermelho (adj)	чырвоны	[tʃir'vɔnʲi]
azul (adj)	сіні	['sinʲi]
azul claro (adj)	блакітны	[bla'kitnʲi]
rosa (adj)	ружовы	[ru'ʒɔvʲi]
laranja (adj)	аранжавы	[a'ranʒavʲi]
violeta (adj)	фіялетавы	[fʲiʲa'letavʲi]
marrom (adj)	карычневы	[ka'rit͡ʃnevʲi]
dourado (adj)	залаты	[zala'tʲi]
prateado (adj)	серабрысты	[sera'bristʲi]
bege (adj)	бэжавы	['bɛʒavʲi]
creme (adj)	крэмавы	['krɛmavʲi]
turquesa (adj)	бірузовы	[biru'zɔvʲi]
vermelho cereja (adj)	вішнёвы	[viʃ'nʲovʲi]
lilás (adj)	ліловы	[li'lɔvʲi]
carmim (adj)	малінавы	[ma'linavʲi]
claro (adj)	светлы	['svetlʲi]
escuro (adj)	цёмны	['tsʲomnʲi]
vivo (adj)	яркі	['ʲarki]
de cor	каляровы	[kalʲa'rɔvʲi]
a cores	каляровы	[kalʲa'rɔvʲi]
preto e branco (adj)	чорна-белы	[tʃɔrna 'belʲi]
unicolor (de uma só cor)	аднакаляровы	[adnakalʲa'rɔvʲi]
multicolor (adj)	рознакаляровы	[rɔznakalʲa'rɔvʲi]

11. Unidades de medida

peso (m)	вага (ж)	[va'ɦa]
comprimento (m)	даўжыня (ж)	[dawʒi'nʲa]

largura (f)	шырыня (ж)	[ʃɨri'nʲa]
altura (f)	вышыня (ж)	[vɨʃɨ'nʲa]
profundidade (f)	глыбіня (ж)	[ɦlibi'nʲa]
volume (m)	аб'ём (м)	[a'bʲom]
área (f)	плошча (ж)	['plɔʃ͡ca]

grama (m)	грам (м)	['ɦram]
miligrama (m)	міліграм (м)	[mili'ɦram]
quilograma (m)	кілаграм (м)	[kila'ɦram]
tonelada (f)	тона (ж)	['tɔna]
libra (453,6 gramas)	фунт (м)	['funt]
onça (f)	унцыя (ж)	['untsʲʲa]

metro (m)	метр (м)	['metr]
milímetro (m)	міліметр (м)	[mili'metr]
centímetro (m)	сантыметр (м)	[santi'metr]
quilômetro (m)	кіламетр (м)	[kila'metr]
milha (f)	міля (ж)	['milʲa]

polegada (f)	цаля (ж)	['tsalʲa]
pé (304,74 mm)	фут (м)	['fut]
jarda (914,383 mm)	ярд (м)	['ʲart]

| metro (m) quadrado | квадратны метр (м) | [kvad'ratnɨ 'metr] |
| hectare (m) | гектар (м) | [ɦek'tar] |

litro (m)	літр (м)	['litr]
grau (m)	градус (м)	['ɦradus]
volt (m)	вольт (м)	['vɔlʲt]
ampère (m)	ампер (м)	[am'per]
cavalo (m) de potência	конская сіла (ж)	[kɔnskaʲa 'sila]

quantidade (f)	колькасць (ж)	['kɔlʲkastsʲ]
um pouco de …	нямнога …	[nʲam'noɦa …]
metade (f)	палова (ж)	[pa'lɔva]
dúzia (f)	тузін (м)	['tuzin]
peça (f)	штука (ж)	['ʃtuka]

| tamanho (m), dimensão (f) | памер (м) | [pa'mer] |
| escala (f) | маштаб (м) | [maʃ'tap] |

mínimo (adj)	мінімальны	[mini'malʲnɨ]
menor, mais pequeno	найменшы	[naj'menʃɨ]
médio (adj)	сярэдні	[sʲa'rɛdni]
máximo (adj)	максімальны	[maksi'malʲnɨ]
maior, mais grande	найбольшы	[naj'bɔlʲʃɨ]

12. Recipientes

pote (m) de vidro	слоік (м)	['slɔik]
lata (~ de cerveja)	бляшанка (ж)	[blʲa'ʃanka]
balde (m)	вядро (н)	[vʲa'drɔ]
barril (m)	бочка (ж)	['bɔtʃka]
bacia (~ de plástico)	таз (м)	['tas]

tanque (m)	бак (м)	['bak]
cantil (m) de bolso	біклажка (ж)	[bik'laʃka]
galão (m) de gasolina	каністра (ж)	[ka'nistra]
cisterna (f)	цыстэрна (ж)	[ʦis'tɛrna]
caneca (f)	кубак (м)	['kubak]
xícara (f)	кубак (м)	['kubak]
pires (m)	сподак (м)	['spɔdak]
copo (m)	шклянка (ж)	['ʃklʲanka]
taça (f) de vinho	келіх (м)	['kelih]
panela (f)	рондаль (м)	['rɔndalʲ]
garrafa (f)	бутэлька (ж)	[bu'tɛlʲka]
gargalo (m)	рыльца (н)	['rilʲʦa]
jarra (f)	графін (м)	[ɦra'fin]
jarro (m)	збан (м)	['zban]
recipiente (m)	пасудзіна (ж)	[pa'suʣina]
pote (m)	гаршчок (м)	[ɦar'ʃɕɔk]
vaso (m)	ваза (ж)	['vaza]
frasco (~ de perfume)	флакон (м)	[fla'kɔn]
frasquinho (m)	бутэлечка (ж)	[bu'tɛleʧka]
tubo (m)	цюбік (м)	['ʦubik]
saco (ex. ~ de açúcar)	мяшок (м)	[mʲa'ʃɔk]
sacola (~ plastica)	пакет (м)	[pa'ket]
maço (de cigarros, etc.)	пачак (м)	['paʧak]
caixa (~ de sapatos, etc.)	каробка (ж)	[ka'rɔpka]
caixote (~ de madeira)	скрынка (ж)	['skrinka]
cesto (m)	кош (м)	['kɔʃ]

VERBOS PRINCIPAIS

13. Os verbos mais importantes. Parte 1

abrir (vt)	адчыняць	[atʃi'nʲatsʲ]
acabar, terminar (vt)	заканчваць	[za'kantʃvatsʲ]
aconselhar (vt)	раіць	['raitsʲ]
adivinhar (vt)	адгадаць	[adɦa'datsʲ]
advertir (vt)	папярэджваць	[papʲa'rɛdʒvatsʲ]
ajudar (vt)	дапамагаць	[dapama'ɦatsʲ]
almoçar (vi)	абедаць	[a'bedatsʲ]
alugar (~ um apartamento)	наймаць	[naj'matsʲ]
amar (pessoa)	кахаць	[ka'hatsʲ]
ameaçar (vt)	пагражаць	[paɦra'ʒatsʲ]
anotar (escrever)	запісваць	[za'pisvatsʲ]
apressar-se (vr)	спяшацца	[spʲa'ʃatsa]
arrepender-se (vr)	шкадаваць	[ʃkada'vatsʲ]
assinar (vt)	падпісваць	[pat'pisvatsʲ]
brincar (vi)	жартаваць	[ʒarta'vatsʲ]
brincar, jogar (vi, vt)	гуляць	[ɦu'lʲatsʲ]
buscar (vt)	шукаць ...	[ʃu'katsʲ ...]
caçar (vi)	паляваць	[palʲa'vatsʲ]
cair (vi)	падаць	['padatsʲ]
cavar (vt)	капаць	[ka'patsʲ]
chamar (~ por socorro)	клікаць	['klikatsʲ]
chegar (vi)	прыязджаць	[prʲaʒ'dʒatsʲ]
chorar (vi)	плакаць	['plakatsʲ]
começar (vt)	пачынаць	[patʃi'natsʲ]
comparar (vt)	параўноўваць	[paraw'nɔwvatsʲ]
concordar (dizer "sim")	згаджацца	[zɦa'dʒatsa]
confiar (vt)	давяраць	[davʲa'ratsʲ]
confundir (equivocar-se)	блытаць	['blitatsʲ]
conhecer (vt)	ведаць	['vedatsʲ]
contar (fazer contas)	лічыць	[li'tʃitsʲ]
contar com ...	разлічваць на ...	[raz'litʃvatsʲ na ...]
continuar (vt)	працягваць	[pra'tsʲaɦvatsʲ]
controlar (vt)	кантраляваць	[kantralʲa'vatsʲ]
convidar (vt)	запрашаць	[zapra'ʃatsʲ]
correr (vi)	бегчы	['beɦtʃi]
criar (vt)	стварыць	[stva'ritsʲ]
custar (vt)	каштаваць	[kaʃta'vatsʲ]

14. Os verbos mais importantes. Parte 2

dar (vt)	даваць	[da'vatsʲ]
dar uma dica	падказаць	[patka'zatsʲ]
decorar (enfeitar)	упрыгожваць	[upri'hɔʒvatsʲ]
defender (vt)	абараняць	[abara'nʲatsʲ]
deixar cair (vt)	упускаць	[upus'katsʲ]
descer (para baixo)	спускацца	[spu'skatsa]
desculpar (vt)	прабачаць	[praba'tʃatsʲ]
desculpar-se (vr)	прасіць прабачэння	[pra'sitsʲ praba'tʃɛnnʲa]
dirigir (~ uma empresa)	кіраваць	[kira'vatsʲ]
discutir (notícias, etc.)	абмяркоўваць	[abmʲar'kɔwvatsʲ]
disparar, atirar (vi)	страляць	[stra'lʲatsʲ]
dizer (vt)	сказаць	[ska'zatsʲ]
duvidar (vt)	сумнявацца	[sumnʲa'vatsa]
encontrar (achar)	знаходзіць	[zna'hɔdzitsʲ]
enganar (vt)	падманваць	[pad'manvatsʲ]
entender (vt)	разумець	[razu'metsʲ]
entrar (na sala, etc.)	уваходзіць	[uva'hɔdzitsʲ]
enviar (uma carta)	адпраўляць	[atpraw'lʲatsʲ]
errar (enganar-se)	памыляцца	[pamʲ'lʲatsa]
escolher (vt)	выбіраць	[vibi'ratsʲ]
esconder (vt)	хаваць	[ha'vatsʲ]
escrever (vt)	пісаць	[pi'satsʲ]
esperar (aguardar)	чакаць	[tʃa'katsʲ]
esperar (ter esperança)	спадзявацца	[spadzʲa'vatsa]
esquecer (vt)	забываць	[zabi'vatsʲ]
estudar (vt)	вывучаць	[vivu'tʃatsʲ]
exigir (vt)	патрабаваць	[patraba'vatsʲ]
existir (vi)	існаваць	[isna'vatsʲ]
explicar (vt)	тлумачыць	[tlu'matʃitsʲ]
falar (vi)	гаварыць	[hava'ritsʲ]
faltar (a la escuela, etc.)	прапускаць	[prapus'katsʲ]
fazer (vt)	рабіць	[ra'bitsʲ]
ficar em silêncio	маўчаць	[maw'tʃatsʲ]
gabar-se (vr)	выхваляцца	[vihva'lʲatsa]
gostar (apreciar)	падабацца	[pada'batsa]
gritar (vi)	крычаць	[kri'tʃatsʲ]
guardar (fotos, etc.)	захоўваць	[za'hɔwvatsʲ]
informar (vt)	інфармаваць	[infarma'vatsʲ]
insistir (vi)	настойваць	[na'stɔjvatsʲ]
insultar (vt)	абражаць	[abra'ʒatsʲ]
interessar-se (vr)	цікавіцца ...	[tsi'kavitsa ...]
ir (a pé)	ісці	[is'tsi]
ir nadar	купацца	[ku'patsa]
jantar (vi)	вячэраць	[vʲa'tʃɛratsʲ]

15. Os verbos mais importantes. Parte 3

ler (vt)	чытаць	[ʧɨ'tatsʲ]
libertar, liberar (vt)	вызваляць	[vizva'lʲatsʲ]
matar (vt)	забіваць	[zabi'vatsʲ]
mencionar (vt)	згадваць	['zɦadvatsʲ]
mostrar (vt)	паказваць	[pa'kazvatsʲ]

mudar (modificar)	змяніць	[zmʲa'nitsʲ]
nadar (vi)	плаваць	['plavatsʲ]
negar-se a ... (vr)	адмаўляцца	[admaw'lʲatsa]
objetar (vt)	пярэчыць	[pʲa'rɛʧɨtsʲ]

observar (vt)	назіраць	[nazi'ratsʲ]
ordenar (mil.)	загадваць	[za'ɦadvatsʲ]
ouvir (vt)	чуць	['ʧutsʲ]
pagar (vt)	плаціць	[pla'tsitsʲ]
parar (vi)	спыняцца	[spɨ'nʲatsa]

parar, cessar (vt)	спыняць	[spɨ'nʲatsʲ]
participar (vi)	удзельнічаць	[u'dzelʲniʧatsʲ]
pedir (comida, etc.)	заказваць	[za'kazvatsʲ]
pedir (um favor, etc.)	прасіць	[pra'sitsʲ]
pegar (tomar)	браць	['bratsʲ]

pegar (uma bola)	лавіць	[la'vitsʲ]
pensar (vi, vt)	думаць	['dumatsʲ]
perceber (ver)	заўважаць	[zawwa'ʒatsʲ]
perdoar (vt)	выбачаць	[viba'ʧatsʲ]
perguntar (vt)	пытаць	[pɨ'tatsʲ]

permitir (vt)	дазваляць	[dazva'lʲatsʲ]
pertencer a ... (vi)	належаць	[na'leʒatsʲ]
planejar (vt)	планаваць	[plana'vatsʲ]
poder (~ fazer algo)	магчы	[maɦ'ʧɨ]
possuir (uma casa, etc.)	валодаць	[va'lɔdatsʲ]

preferir (vt)	аддаваць перавагу	[adda'vatsʲ pera'vaɦu]
preparar (vt)	гатаваць	[ɦata'vatsʲ]
prever (vt)	прадбачыць	[prad'baʧɨtsʲ]
prometer (vt)	абяцаць	[abʲa'tsatsʲ]
pronunciar (vt)	вымаўляць	[vimaw'lʲatsʲ]

propor (vt)	прапаноўваць	[prapa'nɔwvatsʲ]
punir (castigar)	караць	[ka'ratsʲ]
quebrar (vt)	ламаць	[la'matsʲ]
queixar-se de ...	скардзіцца	['skardzitsa]
querer (desejar)	хацець	[ha'tsetsʲ]

16. Os verbos mais importantes. Parte 4

| ralhar, repreender (vt) | лаяць | ['laʲatsʲ] |
| recomendar (vt) | рэкамендаваць | [rɛkamenda'vatsʲ] |

repetir (dizer outra vez)	паўтараць	[pawta'ratsʲ]
reservar (~ um quarto)	рэзерваваць	[rɛzerva'vatsʲ]
responder (vt)	адказваць	[at'kazvatsʲ]
rezar, orar (vi)	маліцца	[ma'litsa]
rir (vi)	смяяцца	[smæ'ʲatsa]
roubar (vt)	красці	['krasʲtsi]
saber (vt)	ведаць	['vedatsʲ]
sair (~ de casa)	выходзіць	[vi'hɔdzitsʲ]
salvar (resgatar)	ратаваць	[rata'vatsʲ]
seguir (~ alguém)	накіроўвацца ...	[naki'rɔwvatsa ...]
sentar-se (vr)	садзіцца	[sa'dzitsa]
ser necessário	патрабавацца	[patraba'vatsa]
ser, estar	быць	['bitsʲ]
significar (vt)	азначаць	[azna'tʃatsʲ]
sorrir (vi)	усміхацца	[usmi'hatsa]
subestimar (vt)	недаацэньваць	[nedaa'tsɛnʲvatsʲ]
surpreender-se (vr)	здзіўляцца	[zʲdziw'lʲatsa]
tentar (~ fazer)	спрабаваць	[spraba'vatsʲ]
ter (vt)	мець	['metsʲ]
ter fome	хацець есці	[ha'tsetsʲ 'esʲtsi]
ter medo	баяцца	[ba'ʲatsa]
ter sede	хацець піць	[ha'tsetsʲ 'pitsʲ]
tocar (com as mãos)	кранаць	[kra'natsʲ]
tomar café da manhã	снедаць	['snedatsʲ]
trabalhar (vi)	працаваць	[pratsa'vatsʲ]
traduzir (vt)	перакладаць	[perakla'datsʲ]
unir (vt)	аб'ядноўваць	[abʲʲad'nɔwvatsʲ]
vender (vt)	прадаваць	[prada'vatsʲ]
ver (vt)	бачыць	['batʃitsʲ]
virar (~ para a direita)	паварочваць	[pava'rɔtʃvatsʲ]
voar (vi)	ляцець	[lʲa'tsetsʲ]

TEMPO. CALENDÁRIO

17. Dias da semana

segunda-feira (f)	панядзелак (м)	[panʲaˈdzelak]
terça-feira (f)	аўторак (м)	[awˈtɔrak]
quarta-feira (f)	серада (ж)	[seraˈda]
quinta-feira (f)	чацвер (м)	[ʧaʦˈver]
sexta-feira (f)	пятніца (ж)	[ˈpʲatniʦa]
sábado (m)	субота (ж)	[suˈbɔta]
domingo (m)	нядзеля (ж)	[nʲaˈdzelʲa]

hoje	сёння	[ˈsʲonnʲa]
amanhã	заўтра	[ˈzawtra]
depois de amanhã	паслязаўтра	[paslʲaˈzawtra]
ontem	учора	[uˈʧɔra]
anteontem	заўчора	[zawˈʧɔra]

dia (m)	дзень (м)	[ˈdzenʲ]
dia (m) de trabalho	працоўны дзень (м)	[praˈʦɔwnɨ ˈdzenʲ]
feriado (m)	святочны дзень (м)	[svʲaˈtoʧni ˈdzenʲ]
dia (m) de folga	выхадны дзень (м)	[vɨhadˈnɨ ˈdzenʲ]
fim (m) de semana	выхадныя (м мн)	[vɨhadˈnʲiʲa]

o dia todo	увесь дзень	[uˈvezʲ ˈdzenʲ]
no dia seguinte	на наступны дзень	[na ˈstupnɨ ˈdzenʲ]
há dois dias	два дні таму	[dva ˈdni taˈmu]
na véspera	напярэдадні	[napʲaˈrɛdadni]
diário (adj)	штодзённы	[ʃtoˈdzʲonni]
todos os dias	штодня	[ʃtoˈdnʲa]

semana (f)	тыдзень (м)	[ˈtidzenʲ]
na semana passada	на мінулым тыдні	[na miˈnulim ˈtidni]
semana que vem	на наступным тыдні	[na naˈstupnim ˈtidni]
semanal (adj)	штотыднёвы	[ʃtotidˈnʲovi]
toda semana	штотыдзень	[ʃtoˈtidzenʲ]
duas vezes por semana	два разы на тыдзень	[dva raˈzɨ na ˈtidzenʲ]
toda terça-feira	штоаўторак	[ʃtoaˈwtorak]

18. Horas. Dia e noite

manhã (f)	ранак (м)	[ˈranak]
de manhã	ранкам	[ˈrankam]
meio-dia (m)	поўдзень (м)	[ˈpowdzenʲ]
à tarde	пасля абеду	[paˈslʲa aˈbedu]

tardinha (f)	вечар (м)	[ˈveʧar]
à tardinha	увечар	[uˈveʧar]

noite (f)	ноч (ж)	['nɔtʃ]
à noite	уначы	[una'tʃi]
meia-noite (f)	поўнач (ж)	['pɔwnatʃ]

segundo (m)	секунда (ж)	[se'kunda]
minuto (m)	хвіліна (ж)	[hvi'lina]
hora (f)	гадзіна (ж)	[ɦa'dzina]
meia hora (f)	паўгадзіны	[pawɦa'dzini]
quarto (m) de hora	чвэрць (ж) гадзіны	[tʃvɛrtsʲ ɦa'dzini]
quinze minutos	пятнаццаць хвілін	[pʲat'natsatsʲ hvi'lin]
vinte e quatro horas	суткі (мн)	['sutki]

nascer (m) do sol	узыход (м) сонца	[uzi'hɔt 'sɔntsa]
amanhecer (m)	світанак (м)	[svi'tanak]
madrugada (f)	ранічка (ж)	['ranitʃka]
pôr-do-sol (m)	захад (м)	['zahat]

de madrugada	ранічкаю	['ranitʃkau]
esta manhã	сёння ранкам	[sʲonnʲa 'rankam]
amanhã de manhã	заўтра ранкам	['zawtra 'rankam]

esta tarde	сёння ўдзень	[sʲonnʲa u'dzenʲ]
à tarde	пасля абеду	[pa'slʲa a'bedu]
amanhã à tarde	заўтра пасля абеду	['zawtra pa'slʲa a'bedu]

esta noite, hoje à noite	сёння ўвечары	[sʲonnʲa u'wetʃari]
amanhã à noite	заўтра ўвечары	[zawtra u'wetʃari]

às três horas em ponto	роўна а трэцяй гадзіне	[rɔwna a 'trɛtsʲaj ɦa'dzine]
por volta das quatro	каля чацвёртай гадзіны	[ka'lʲa tʃats'vʲortaj ɦa'dzini]
às doze	пад дванаццатую гадзіну	[pad dva'natsatuu ɦa'dzinu]

em vinte minutos	праз дваццаць хвілін	[praz 'dvatsatsʲ hvi'lin]
em uma hora	праз гадзіну	[praz ɦa'dzinu]
a tempo	своечасова	[svɔetʃa'sɔva]

… um quarto para	без чвэрці …	['bʲaʃ 'tʃvɛrtsi …]
dentro de uma hora	на працягу гадзіны	[na pra'tsʲaɦu ɦa'dzini]
a cada quinze minutos	кожныя пятнаццаць хвілін	['kɔʒnʲa pʲat'natsatsʲ hvi'lin]
as vinte e quatro horas	круглыя суткі (мн)	['kruɦlʲa 'sutki]

19. Meses. Estações

janeiro (m)	студзень (м)	['studzenʲ]
fevereiro (m)	люты (м)	['lʉti]
março (m)	сакавік (м)	[saka'vik]
abril (m)	красавік (м)	[krasa'vik]
maio (m)	май (м)	['maj]
junho (m)	чэрвень (м)	['tʃɛrvenʲ]

julho (m)	ліпень (м)	['lipenʲ]
agosto (m)	жнівень (м)	['ʒnivenʲ]
setembro (m)	верасень (м)	['verasenʲ]

outubro (m)	кастрычнік (м)	[kas'tritʃnik]
novembro (m)	лістапад (м)	[lista'pat]
dezembro (m)	снежань (м)	['sneʒanʲ]
primavera (f)	вясна (ж)	[vʲas'na]
na primavera	увесну	[u'vesnu]
primaveril (adj)	вясновы	[vʲas'novi]
verão (m)	лета (н)	['leta]
no verão	улетку	[u'letku]
de verão	летні	['letni]
outono (m)	восень (ж)	['vɔsenʲ]
no outono	увосень	[u'vɔsenʲ]
outonal (adj)	восеньскі	['vɔsenʲski]
inverno (m)	зіма (ж)	[zi'ma]
no inverno	узімку	[u'zimku]
de inverno	зімовы	[zi'movi]
mês (m)	месяц (м)	['mesʲats]
este mês	у гэтым месяцы	[u 'hɛtim 'mesʲatsi]
mês que vem	у наступным месяцы	[u nas'tupnim 'mesʲatsi]
no mês passado	у мінулым месяцы	[u mi'nulim 'mesʲatsi]
um mês atrás	месяц таму	[mesʲats ta'mu]
em um mês	праз месяц	[praz 'mesʲats]
em dois meses	праз два месяцы	[praz 'dva 'mesʲatsi]
todo o mês	увесь месяц	[u'vesʲ 'mesʲats]
um mês inteiro	цэлы месяц	[tsɛli 'mesʲats]
mensal (adj)	штомесячны	[ʃtɔ'mesʲatʃni]
mensalmente	штомесяц	[ʃtɔ'mesʲats]
todo mês	штомесяц	[ʃtɔ'mesʲats]
duas vezes por mês	два разы на месяц	[dva ra'zi na 'mesʲats]
ano (m)	год (м)	['hɔt]
este ano	сёлета	['sʲoleta]
ano que vem	налета	[na'leta]
no ano passado	летась	['letasʲ]
há um ano	год таму	[hɔt ta'mu]
em um ano	праз год	[praz 'hɔt]
dentro de dois anos	праз два гады	[praz 'dva ha'di]
todo o ano	увесь год	[u'vezʲ 'hɔt]
um ano inteiro	цэлы год	[tsɛli 'hɔt]
cada ano	штогод	[ʃtɔ'hɔt]
anual (adj)	штогадовы	[ʃtɔha'dovi]
anualmente	штогод	[ʃtɔ'hɔt]
quatro vezes por ano	чатыры разы на год	[tʃa'tiri ra'zi na 'hɔt]
data (~ de hoje)	дзень (м)	['dzenʲ]
data (ex. ~ de nascimento)	дата (ж)	['data]
calendário (m)	каляндар (м)	[kalʲan'dar]
meio ano	паўгода	[paw'hoda]

seis meses	паўгоддзе (н)	[paw'hɔdze]
estação (f)	сезон (м)	[se'zɔn]
século (m)	стагоддзе (н)	[sta'hɔdze]

VIAGENS. HOTEL

20. Viagens

turismo (m)	турызм (м)	[tu'rizm]
turista (m)	турыст (м)	[tu'rist]
viagem (f)	падарожжа (н)	[pada'roʐa]
aventura (f)	прыгода (ж)	[pri'ɦɔda]
percurso (curta viagem)	паездка (ж)	[pa'estka]

férias (f pl)	водпуск (м)	['vɔtpusk]
estar de férias	быць у водпуску	['biʦʲ u 'vɔtpusku]
descanso (m)	адпачынак (м)	[atpa'ʧinak]

trem (m)	цягнік (м)	[ʦʲaɦ'nik]
de trem (chegar ~)	цягніком	[ʦʲaɦni'kɔm]
avião (m)	самалёт (м)	[sama'lʲot]
de avião	самалётам	[sama'lʲotam]
de carro	на аўтамабілі	[na awtama'bili]
de navio	на караблі	[na karab'li]

bagagem (f)	багаж (м)	[ba'ɦaʃ]
mala (f)	чамадан (м)	[ʧama'dan]
carrinho (m)	каляска (ж) для багажу	[ka'lʲaska dlʲa baɦaʒu]

passaporte (m)	пашпарт (м)	['paʃpart]
visto (m)	віза (ж)	['viza]
passagem (f)	білет (м)	[bi'let]
passagem (f) aérea	авіябілет (м)	[aviʲabi'let]

guia (m) de viagem	даведнік (м)	[da'vednik]
mapa (m)	карта (ж)	['karta]
área (f)	мясцовасць (ж)	[mʲas'ʦovasʦʲ]
lugar (m)	месца (н)	['mesʲʦa]

exotismo (m)	экзотыка (ж)	[ɛg'zɔtika]
exótico (adj)	экзатычны	[ɛgza'tiʧni]
surpreendente (adj)	дзівосны	[dzi'vɔsnɨ]

grupo (m)	група (ж)	['ɦrupa]
excursão (f)	экскурсія (ж)	[ɛks'kursiʲa]
guia (m)	гід, экскурсавод (м)	['ɦit], [ɛkskursa'vɔt]

21. Hotel

hotel (m)	гасцініца (ж)	[ɦas'ʦinitsa]
hospedaria (f)	гатэль (м)	[ɦa'tɛl]
motel (m)	матэль (м)	[ma'tɛlʲ]

três estrelas	тры зоркі	[tri 'zorki]
cinco estrelas	пяць зорак	[pʲatsʲ 'zorak]
ficar (vi, vt)	спыніцца	[spi'nitsa]

quarto (m)	нумар (м)	['numar]
quarto (m) individual	аднамесны нумар (м)	[adna'mesni 'numar]
quarto (m) duplo	двухмесны нумар (м)	[dvuh'mesni 'numar]
reservar um quarto	браніраваць нумар	[bra'niravatsʲ 'numar]

meia pensão (f)	паўпансіён (м)	[pawpansiʲʲon]
pensão (f) completa	поўны пансіён (м)	['powni pansiʲʲon]

com banheira	з ваннай	[z 'vannaj]
com chuveiro	з душам	[z 'duʃam]
televisão (m) por satélite	спадарожнікавае тэлебачанне (н)	[spada'rɔʒnikavae tɛle'batʃanne]
ar (m) condicionado	кандыцыянер (м)	[kanditsiʲa'ner]
toalha (f)	ручнік (м)	[rutʃ'nik]
chave (f)	ключ (м)	['klʉtʃ]

administrador (m)	адміністратар (м)	[admini'stratar]
camareira (f)	пакаёўка (ж)	[paka'ʲowka]
bagageiro (m)	насільшчык (м)	[na'silʲʃɕik]
porteiro (m)	парцье (м)	[par'tsʲe]

restaurante (m)	рэстаран (м)	[rɛsta'ran]
bar (m)	бар (м)	['bar]
café (m) da manhã	сняданак (м)	[snʲa'danak]
jantar (m)	вячэра (ж)	[vʲa'tʃɛra]
bufê (m)	шведскі стол (м)	['ʃvetski 'stɔl]

saguão (m)	вестыбюль (м)	[vesti'bʉlʲ]
elevador (m)	ліфт (м)	['lift]

NÃO PERTURBE	НЕ ТУРБАВАЦЬ	[ne turba'vatsʲ]
PROIBIDO FUMAR!	НЕ КУРЫЦЬ!	[ne ku'ritsʲ]

22. Turismo

monumento (m)	помнік (м)	['pɔmnik]
fortaleza (f)	крэпасць (ж)	['krɛpastsʲ]
palácio (m)	палац (м)	[pa'lats]
castelo (m)	замак (м)	['zamak]
torre (f)	вежа (ж)	['veʒa]
mausoléu (m)	маўзалей (м)	[mawza'lej]

arquitetura (f)	архітэктура (ж)	[arhitɛk'tura]
medieval (adj)	сярэдневяковы	[sʲarɛdnevʲa'kɔvi]
antigo (adj)	старадаўні	[stara'dawni]
nacional (adj)	нацыянальны	[natsiʲa'nalʲni]
famoso, conhecido (adj)	вядомы	[vʲa'dɔmi]

turista (m)	турыст (м)	[tu'rist]
guia (pessoa)	гід, экскурсавод (м)	['ɦit], [ɛkskursa'vɔt]

excursão (f)	экскурсія (ж)	[ɛks'kursiʲa]
mostrar (vt)	паказваць	[pa'kazvatsʲ]
contar (vt)	апавядаць	[apavʲa'datsʲ]

encontrar (vt)	знайсці	[znajs'tsi]
perder-se (vr)	згубіцца	[zɦu'bitsa]
mapa (~ do metrô)	схема (ж)	['shema]
mapa (~ da cidade)	план (м)	['plan]

lembrança (f), presente (m)	сувенір (м)	[suve'nir]
loja (f) de presentes	крама (ж) сувеніраў	['krama suwe'niraw]
tirar fotos, fotografar	фатаграфаваць	[fataɦrafa'vatsʲ]
fotografar-se (vr)	фатаграфавацца	[fataɦrafa'vatsa]

TRANSPORTES

23. Aeroporto

aeroporto (m)	аэрапорт (м)	[aɛra'pɔrt]
avião (m)	самалёт (м)	[sama'lʲot]
companhia (f) aérea	авіякампанія (ж)	[aviʲakam'paniʲa]
controlador (m) de tráfego aéreo	дыспетчар (м)	[dɨs'petʃar]

partida (f)	вылет (м)	['vɨlet]
chegada (f)	прылёт (м)	[pri'lʲot]
chegar (vi)	прыляцець	[prilʲa'tsetsʲ]

hora (f) de partida	час (м) вылету	[tʃas 'vɨletu]
hora (f) de chegada	час (м) прылёту	[tʃas pri'lʲotu]

estar atrasado	затрымлівацца	[za'trimlivatsa]
atraso (m) de voo	затрымка (ж) вылету	[za'trimka 'vɨletu]

painel (m) de informação	інфармацыйнае табло (н)	[infarma'tsɨjnae tab'lɔ]
informação (f)	інфармацыя (ж)	[infar'matsɨʲa]
anunciar (vt)	абвяшчаць	[abvʲa'ʃtʃatsʲ]
voo (m)	рэйс (м)	['rɛjs]

alfândega (f)	мытня (ж)	['mɨtnʲa]
funcionário (m) da alfândega	мытнік (м)	['mɨtnik]

declaração (f) alfandegária	дэкларацыя (ж)	[dɛkla'ratsɨʲa]
preencher (vt)	запоўніць	[za'pɔwnitsʲ]
preencher a declaração	запоўніць дэкларацыю	[za'pɔwnitsʲ dɛkla'ratsɨu]
controle (m) de passaporte	пашпартны кантроль (м)	['paʃpartni kan'trɔlʲ]

bagagem (f)	багаж (м)	[ba'ɦaʃ]
bagagem (f) de mão	ручная паклажа (ж)	[rutʃ'naʲa pak'laʒa]
carrinho (m)	каляска (ж) для багажу	[ka'lʲaska dlʲa baɦaʒu]

pouso (m)	пасадка (ж)	[pa'satka]
pista (f) de pouso	пасадачная паласа (ж)	[pa'sadatʃnaʲa pala'sa]
aterrissar (vi)	садзіцца	[sa'dzitsa]
escada (f) de avião	трап (м)	['trap]

check-in (m)	рэгістрацыя (ж)	[rɛɦi'stratsɨʲa]
balcão (m) do check-in	стойка (ж) рэгістрацыі	[stɔjka rɛɦist'ratsii]
fazer o check-in	зарэгістравацца	[zarɛɦistra'vatsa]
cartão (m) de embarque	пасадачны талон (м)	[pa'sadatʃni ta'lɔn]
portão (m) de embarque	выхад (м)	['vɨhat]

trânsito (m)	транзіт (м)	[tran'zit]
esperar (vi, vt)	чакаць	[tʃa'katsʲ]

sala (f) de espera	зала (ж) чаканне	['zala ʧa'kannʲa]
despedir-se (acompanhar)	праводзіць	[pra'vɔʣitsʲ]
despedir-se (dizer adeus)	развітвацца	[raz'vitvatsa]

24. Avião

avião (m)	самалёт (m)	[sama'lʲot]
passagem (f) aérea	авіябілет (m)	[aviʲabi'let]
companhia (f) aérea	авіякампанія (ж)	[aviʲakam'paniʲa]
aeroporto (m)	аэрапорт (m)	[aɛra'pɔrt]
supersônico (adj)	звышгукавы	[zviʒɦuka'vɨ]

comandante (m) do avião	камандзір (m) карабля	[kaman'ʣir karab'lʲa]
tripulação (f)	экіпаж (m)	[ɛki'paʃ]
piloto (m)	пілот (m)	[pi'lɔt]
aeromoça (f)	сцюардэса (ж)	[sʲtsɥar'dɛsa]
copiloto (m)	штурман (m)	['ʃturman]

asas (f pl)	крылы (н мн)	['krɨlʲi]
cauda (f)	хвост (m)	['hvɔst]
cabine (f)	кабіна (ж)	[ka'bina]
motor (m)	рухавік (m)	[ruha'vik]
trem (m) de pouso	шасі (н)	[ʃa'si]
turbina (f)	турбіна (ж)	[tur'bina]

hélice (f)	прапелер (m)	[pra'peler]
caixa-preta (f)	чорная скрынка (ж)	['ʧɔrnaʲa 'skrinka]

coluna (f) de controle	штурвал (m)	[ʃtur'val]
combustível (m)	гаручае (н)	[ɦaru'ʧae]

instruções (f pl) de segurança	інструкцыя (ж)	[in'struktsiʲa]
máscara (f) de oxigênio	кіслародная маска (ж)	[kisla'rɔdnaʲa 'maska]
uniforme (m)	уніформа (ж)	[uni'fɔrma]

colete (m) salva-vidas	выратавальная камізэлька (ж)	[virata'valʲnaʲa kami'zɛlʲka]
paraquedas (m)	парашут (m)	[para'ʃut]

decolagem (f)	узлёт (m)	[uz'lʲot]
descolar (vi)	узлятаць	[uzlʲa'tatsʲ]
pista (f) de decolagem	узлётная паласа (ж)	[uz'lʲotnaʲa pala'sa]

visibilidade (f)	бачнасць (ж)	['baʧnastsʲ]
voo (m)	палёт (m)	[pa'lʲot]

altura (f)	вышыня (ж)	[viʃɨ'nʲa]
poço (m) de ar	паветраная яма (ж)	[pa'vetranaʲa 'ʲama]

assento (m)	месца (н)	['mesʲtsa]
fone (m) de ouvido	навушнікі (м мн)	[na'vuʃniki]
mesa (f) retrátil	адкідны столік (m)	[atkid'nɨ 'stɔlik]
janela (f)	ілюмінатар (m)	[ilʲumi'natar]
corredor (m)	праход (m)	[pra'hɔt]

25. Comboio

trem (m)	цягнік (м)	[tsʲaɦ'nik]
trem (m) elétrico	электрацягнік (м)	[ɛ'lektra tsʲaɦ'nik]
trem (m)	хуткі цягнік (м)	[hutki tsʲaɦ'nik]
locomotiva (f) diesel	цеплавоз (м)	[tsepla'vɔs]
locomotiva (f) a vapor	паравоз (м)	[para'vɔs]

vagão (f) de passageiros	вагон (м)	[va'hɔn]
vagão-restaurante (m)	вагон-рэстаран (м)	[va'hɔn rɛsta'ran]

carris (m pl)	рэйкі (ж мн)	['rɛjki]
estrada (f) de ferro	чыгунка (ж)	[tʃi'ɦunka]
travessa (f)	шпала (ж)	['ʃpala]

plataforma (f)	платформа (ж)	[plat'fɔrma]
linha (f)	пуць (м)	['putsʲ]
semáforo (m)	семафор (м)	[sema'fɔr]
estação (f)	станцыя (ж)	['stantsʲʲa]

maquinista (m)	машыніст (м)	[maʃi'nist]
bagageiro (m)	насільшчык (м)	[na'silʲʃɕik]
hospedeiro, -a (m, f)	праваднік (м)	[pravad'nik]
passageiro (m)	пасажыр (м)	[pasa'ʒir]
revisor (m)	кантралёр (м)	[kantra'lʲor]

corredor (m)	калідор (м)	[kali'dɔr]
freio (m) de emergência	стоп-кран (м)	[stɔp'kran]

compartimento (m)	купэ (н)	[ku'pɛ]
cama (f)	лаўка (ж)	['lawka]
cama (f) de cima	лаўка (ж) верхняя	[lawka 'verhnæʲa]
cama (f) de baixo	лаўка (ж) ніжняя	[lawka 'niʒnæʲa]
roupa (f) de cama	пасцельная бялізна (ж)	[pas'tselʲnaʲa bʲa'lizna]

passagem (f)	білет (м)	[bi'let]
horário (m)	расклад (м)	[ras'klat]
painel (m) de informação	табло (н)	[tab'lɔ]

partir (vt)	адыходзіць	[adɨ'hɔdzitsʲ]
partida (f)	адпраўленне (н)	[atpraw'lenne]

chegar (vi)	прыбываць	[pribɨ'vatsʲ]
chegada (f)	прыбыццё (н)	[pribɨ'tsʲo]

chegar de trem	прыехаць цягніком	[pri'ehatsʲ tsʲaɦni'kɔm]
pegar o trem	сесці на цягнік	['sesʲtsi na tsʲaɦ'nik]
descer de trem	сысці з цягніка	[sisʲtsi z tsʲaɦni'ka]

acidente (m) ferroviário	крушэнне (н)	[kru'ʃɛnne]
descarrilar (vi)	сысці з рэек	[sisʲtsi z 'rɛek]
locomotiva (f) a vapor	паравоз (м)	[para'vɔs]
foguista (m)	качагар (м)	[katʃa'ɦar]
fornalha (f)	топка (ж)	['tɔpka]
carvão (m)	вугаль (м)	['vuɦalʲ]

26. Barco

navio (m)	карабель (м)	[kara'belʲ]
embarcação (f)	судна (н)	['sudna]
barco (m) a vapor	параход (м)	[para'hɔt]
barco (m) fluvial	цеплаход (м)	[ʦepla'hɔt]
transatlântico (m)	лайнер (м)	['lajner]
cruzeiro (m)	крэйсер (м)	['krɛjser]
iate (m)	яхта (ж)	['ʲahta]
rebocador (m)	буксір (м)	[buk'sir]
barcaça (f)	баржа (ж)	['barʒa]
ferry (m)	паром (м)	[pa'rɔm]
veleiro (m)	паруснік (м)	['parusnik]
bergantim (m)	брыганціна (ж)	[briɦan'ʦina]
quebra-gelo (m)	ледакол (м)	[leda'kɔl]
submarino (m)	падводная лодка (ж)	[pad'vɔdnaʲa 'lɔtka]
bote, barco (m)	лодка (ж)	['lɔtka]
baleeira (bote salva-vidas)	шлюпка (ж)	['ʃlʉpka]
bote (m) salva-vidas	шлюпка (ж) выратавальная	[ʃlʉpka virata'valʲnaʲa]
lancha (f)	катэр (м)	['katɛr]
capitão (m)	капітан (м)	[kapi'tan]
marinheiro (m)	матрос (м)	[mat'rɔs]
marujo (m)	марак (м)	[ma'rak]
tripulação (f)	экіпаж (м)	[ɛki'paʃ]
contramestre (m)	боцман (м)	['bɔʦman]
grumete (m)	юнга (м)	['ʉnɦa]
cozinheiro (m) de bordo	кок (м)	['kɔk]
médico (m) de bordo	суднавы ўрач (м)	['sudnavɨ 'wratʃ]
convés (m)	палуба (ж)	['paluba]
mastro (m)	мачта (ж)	['matʃta]
vela (f)	парус (м)	['parus]
porão (m)	трум (м)	['trum]
proa (f)	нос (м)	['nɔs]
popa (f)	карма (ж)	[kar'ma]
remo (m)	вясло (н)	[vʲas'lɔ]
hélice (f)	вінт (м)	['vint]
cabine (m)	каюта (ж)	[ka'ʉta]
sala (f) dos oficiais	кают-кампанія (ж)	[ka'ʉt kam'paniʲa]
sala (f) das máquinas	машыннае аддзяленне (н)	[ma'ʃɨnnae adzʲa'lenne]
ponte (m) de comando	капітанскі мосцік (м)	[kapi'tanski 'mɔsʲʦik]
sala (f) de comunicações	радыёрубка (ж)	[radɨo'rupka]
onda (f)	хваля (ж)	['hvalʲa]
diário (m) de bordo	суднавы журнал (м)	['sudnavɨ ʒur'nal]
luneta (f)	падзорная труба (ж)	[pa'dzɔrnaʲa tru'ba]

sino (m)	звон (м)	['zvɔn]
bandeira (f)	сцяг (м)	['stsʲaɦ]
cabo (m)	канат (м)	[ka'nat]
nó (m)	вузел (м)	['vuzel]
corrimão (m)	поручань (м)	['pɔrutʃanʲ]
prancha (f) de embarque	трап (м)	['trap]
âncora (f)	якар (м)	['ʲakar]
recolher a âncora	падняць якар	[pad'nʲatsʲ ʲakar]
jogar a âncora	кінуць якар	['kinutsʲ ʲakar]
amarra (corrente de âncora)	якарны ланцуг (м)	[ʲakarnɨ lan'tsuɦ]
porto (m)	порт (м)	['pɔrt]
cais, amarradouro (m)	прычал (м)	[pri'tʃal]
atracar (vi)	прычальваць	[pri'tʃalʲvatsʲ]
desatracar (vi)	адчальваць	[a'tʃalʲvatsʲ]
viagem (f)	падарожжа (н)	[pada'rɔʑa]
cruzeiro (m)	круіз (м)	[kru'is]
rumo (m)	курс (м)	['kurs]
itinerário (m)	маршрут (м)	[marʃ'rut]
canal (m) de navegação	фарватэр (м)	[far'vatɛr]
banco (m) de areia	мель (ж)	['melʲ]
encalhar (vt)	сесці на мель	[sesʲtsi na 'melʲ]
tempestade (f)	бура (ж)	['bura]
sinal (m)	сігнал (м)	[siɦ'nal]
afundar-se (vr)	тануць	[ta'nutsʲ]
Homem ao mar!	Чалавек за бортам!	[tʃala'vek za 'bortam!]
SOS	SOS	['sɔs]
boia (f) salva-vidas	выратавальны круг (м)	[vɨrata'valʲnɨ kruɦ]

CIDADE

27. Transportes urbanos

ônibus (m)	аўтобус (м)	[aw'tɔbus]
bonde (m) elétrico	трамвай (м)	[tram'vaj]
trólebus (m)	тралейбус (м)	[tra'lejbus]
rota (f), itinerário (m)	маршрут (м)	[marʃ'rut]
número (m)	нумар (м)	['numar]
ir de … (carro, etc.)	ехаць на …	['ehatsʲ na …]
entrar no …	сесці	['sesʲtsi]
descer do …	сысці з …	[sis'tsi z …]
parada (f)	прыпынак (м)	[pri'pinak]
próxima parada (f)	наступны прыпынак (м)	[na'stupni pri'pinak]
terminal (m)	канцавы прыпынак (м)	[kantsa'vi pri'pinak]
horário (m)	расклад (м)	[ras'klat]
esperar (vt)	чакаць	[tʃa'katsʲ]
passagem (f)	білет (м)	[bi'let]
tarifa (f)	кошт (м) білета	[kɔʒd bi'leta]
bilheteiro (m)	касір (м)	[ka'sir]
controle (m) de passagens	кантроль (м)	[kan'trɔlʲ]
revisor (m)	кантралёр (м)	[kantra'lʲor]
atrasar-se (vr)	спазняцца	[spazʲ'nʲatsa]
perder (o autocarro, etc.)	спазніцца	[spazʲ'nitsa]
estar com pressa	спяшацца	[spʲa'ʃatsa]
táxi (m)	таксі (н)	[tak'si]
taxista (m)	таксіст (м)	[tak'sist]
de táxi (ir ~)	на таксі	[na tak'si]
ponto (m) de táxis	стаянка (ж) таксі	[sta'ʲanka tak'si]
chamar um táxi	выклікаць таксі	[viklikatsʲ tak'si]
pegar um táxi	узяць таксі	[u'zʲatsʲ tak'si]
tráfego (m)	вулічны рух (м)	['vulitʃni 'ruh]
engarrafamento (m)	затор (м)	[za'tɔr]
horas (f pl) de pico	час (м) пік	['tʃas 'pik]
estacionar (vi)	паркавацца	[parka'vatsa]
estacionar (vt)	паркаваць	[parka'vatsʲ]
parque (m) de estacionamento	стаянка (ж)	[sta'ʲanka]
metrô (m)	метро (н)	[me'trɔ]
estação (f)	станцыя (ж)	['stantsiʲa]
ir de metrô	ехаць на метро	['ehatsʲ na me'trɔ]
trem (m)	цягнік (м)	[tsʲaɦ'nik]
estação (f) de trem	вакзал (м)	[vaɦ'zal]

28. Cidade. Vida na cidade

cidade (f)	горад (м)	['ɦɔrat]
capital (f)	сталіца (ж)	[sta'litsa]
aldeia (f)	вёска (ж)	['vʲoska]

mapa (m) da cidade	план (м) горада	['plan 'ɦɔrada]
centro (m) da cidade	цэнтр (м) горада	['tsɛntr 'ɦɔrada]
subúrbio (m)	прыгарад (м)	['priɦarat]
suburbano (adj)	прыгарадны	['priɦaradnʲi]

periferia (f)	ускраіна (ж)	[us'kraina]
arredores (m pl)	наваколле (н)	[nava'kɔlle]
quarteirão (m)	квартал (м)	[kvar'tal]
quarteirão (m) residencial	жылы квартал (м)	[ʒi'lʲi kvar'tal]

tráfego (m)	вулічны рух (м)	['vulitʃnʲi 'ruɦ]
semáforo (m)	святлафор (м)	[svʲatla'fɔr]
transporte (m) público	гарадскі транспарт (м)	[hara'tski 'transpart]
cruzamento (m)	скрыжаванне (н)	[skriʒa'vanne]

faixa (f)	пешаходны пераход (м)	[peʃa'ɦɔdnʲi pera'ɦɔt]
túnel (m) subterrâneo	падземны пераход (м)	[pa'dzemnʲi pera'ɦɔt]
cruzar, atravessar (vt)	пераходзіць	[pera'ɦɔdzitsʲ]
pedestre (m)	пешаход (м)	[peʃa'ɦɔt]
calçada (f)	ходнік (м)	['ɦɔdnik]

ponte (f)	мост (м)	['mɔst]
margem (f) do rio	набярэжная (ж)	[nabʲa'rɛʒnaʲa]
fonte (f)	фантан (м)	[fan'tan]

alameda (f)	алея (ж)	[a'leʲa]
parque (m)	парк (м)	['park]
bulevar (m)	бульвар (м)	[bulʲ'var]
praça (f)	плошча (ж)	['plɔʃɕa]
avenida (f)	праспект (м)	[pras'pekt]
rua (f)	вуліца (ж)	['vulitsa]
travessa (f)	завулак (м)	[za'vulak]
beco (m) sem saída	тупік (м)	[tu'pik]

casa (f)	дом (м)	['dɔm]
edifício, prédio (m)	будынак (м)	[bu'dinak]
arranha-céu (m)	хмарачос (м)	[hmara'tʃɔs]

fachada (f)	фасад (м)	[fa'sat]
telhado (m)	дах (м)	['dah]
janela (f)	акно (н)	[ak'nɔ]
arco (m)	арка (ж)	['arka]
coluna (f)	калона (ж)	[ka'lɔna]
esquina (f)	рог (м)	['rɔɦ]

vitrine (f)	вітрына (ж)	[vit'rina]
letreiro (m)	шыльда (ж)	['ʃilʲda]
cartaz (do filme, etc.)	афіша (ж)	[a'fiʃa]
cartaz (m) publicitário	рэкламны плакат (м)	[rɛk'lamnɨ pla'kat]

painel (m) publicitário	рэкламны шчыт (м)	[rɛk'lamnɨ 'ʃɕit]
lixo (m)	смецце (н)	['smetse]
lata (f) de lixo	урна (ж)	['urna]
jogar lixo na rua	насмечваць	[nas'metʃvatsʲ]
aterro (m) sanitário	сметнік (м)	['smetnik]

orelhão (m)	тэлефонная будка (ж)	[tɛle'fɔnnaʲa 'butka]
poste (m) de luz	ліхтарны слуп (м)	[lih'tarnɨ 'slup]
banco (m)	лаўка (ж)	['lawka]

polícia (m)	паліцэйскі (м)	[pali'ʦɛjski]
polícia (instituição)	паліцыя (ж)	[pa'liʦɨʲa]
mendigo, pedinte (m)	жабрак (м)	[ʒab'rak]
desabrigado (m)	беспрытульны (м)	[bespri'tulʲnɨ]

29. Instituições urbanas

loja (f)	крама (ж)	['krama]
drogaria (f)	аптэка (ж)	[ap'tɛka]
ótica (f)	оптыка (ж)	['ɔptika]
centro (m) comercial	гандлёвы цэнтр (м)	[ɦand'lʲovɨ 'ʦɛntr]
supermercado (m)	супермаркет (м)	[super'market]

padaria (f)	булачная (ж)	['bulatʃnaʲa]
padeiro (m)	пекар (м)	['pekar]
pastelaria (f)	кандытарская (ж)	[kan'ditarskaʲa]
mercearia (f)	бакалея (ж)	[baka'leʲa]
açougue (m)	мясная крама (ж)	[mʲas'naʲa 'krama]

| fruteira (f) | крама (ж) гароднiны | ['krama ɦa'rɔdninɨ] |
| mercado (m) | рынак (м) | ['rɨnak] |

cafeteria (f)	кавярня (ж)	[ka'vʲarnʲa]
restaurante (m)	рэстаран (м)	[rɛsta'ran]
bar (m)	піўная (ж)	[piw'naʲa]
pizzaria (f)	піцэрыя (ж)	[pi'ʦɛrʲʲa]

salão (m) de cabeleireiro	цырульня (ж)	[ʦi'rulʲnʲa]
agência (f) dos correios	пошта (ж)	['pɔʃta]
lavanderia (f)	хімчыстка (ж)	[him'tʃistka]
estúdio (m) fotográfico	фотаатэлье (н)	[fotaatɛ'lʲe]

sapataria (f)	абуткавая крама (ж)	[abut'kɔvaʲa 'krama]
livraria (f)	кнігарня (ж)	[kni'ɦarnʲa]
loja (f) de artigos esportivos	спартыўная крама (ж)	[spar'tiwnaʲa 'krama]

costureira (m)	рамонт (м) адзення	[ra'mɔnt a'dzennʲa]
aluguel (m) de roupa	пракат (м) адзення	[pra'kat a'dzennʲa]
videolocadora (f)	пракат (м) фільмаў	[pra'kat 'filʲmaw]

circo (m)	цырк (м)	['ʦirk]
jardim (m) zoológico	заапарк (м)	[zaa'park]
cinema (m)	кінатэатр (м)	[kinatɛ'atr]
museu (m)	музей (м)	[mu'zej]

biblioteca (f)	бібліятэка (ж)	[bibli'a'tɛka]
teatro (m)	тэатр (м)	[tɛ'atr]
ópera (f)	опера (ж)	['ɔpera]
boate (casa noturna)	начны клуб (м)	[natʃ'nɨ 'klup]
cassino (m)	казіно (н)	[kazi'nɔ]

mesquita (f)	мячэць (ж)	[mʲa'tʃɛtsʲ]
sinagoga (f)	сінагога (ж)	[sina'ɦoɦa]
catedral (f)	сабор (м)	[sa'bɔr]
templo (m)	храм (м)	['hram]
igreja (f)	царква (ж)	[tsark'va]

faculdade (f)	інстытут (м)	[insti'tut]
universidade (f)	універсітэт (м)	[universi'tɛt]
escola (f)	школа (ж)	['ʃkɔla]

prefeitura (f)	прэфектура (ж)	[prɛfek'tura]
câmara (f) municipal	мэрыя (ж)	['mɛrʲʲa]
hotel (m)	гасцініца (ж)	[ɦas'tsinitsa]
banco (m)	банк (м)	['bank]

embaixada (f)	пасольства (н)	[pa'sɔlʲstva]
agência (f) de viagens	турагенцтва (н)	[tura'ɦentstva]
agência (f) de informações	бюро (н) даведак	[bʉ'rɔ da'vedak]
casa (f) de câmbio	абменны пункт (м)	[ab'menni 'punkt]

metrô (m)	метро (н)	[me'trɔ]
hospital (m)	бальніца (ж)	[balʲ'nitsa]

posto (m) de gasolina	бензазапраўка (ж)	['benza za'prawka]
parque (m) de estacionamento	аўтастаянка (ж)	[awtasta'ʲanka]

30. Sinais

letreiro (m)	шыльда (ж)	['ʃilʲda]
aviso (m)	надпіс (м)	['natpis]
cartaz, pôster (m)	плакат (м)	[pla'kat]
placa (f) de direção	паказальнік (м)	[paka'zalʲnik]
seta (f)	стрэлка (ж)	['strɛlka]

aviso (advertência)	перасцярога (ж)	[perastsʲa'rɔɦa]
sinal (m) de aviso	папярэджанне (н)	[papʲa'rɛdʒanne]
avisar, advertir (vt)	папярэджваць	[papʲa'rɛdʒvatsʲ]

dia (m) de folga	выхадны дзень (м)	[vihad'nɨ 'dzenʲ]
horário (~ dos trens, etc.)	расклад (м)	[ras'klat]
horário (m)	гадзіны (ж мн) працы	[ɦa'dzinɨ 'pratsɨ]

BEM-VINDOS!	САРДЭЧНА ЗАПРАШАЕМ!	[sar'dɛtʃna zapra'ʃaem]
ENTRADA	УВАХОД	[uva'hɔt]
SAÍDA	ВЫХАД	['vihat]

EMPURRE	АД СЯБЕ	[at sʲa'be]
PUXE	НА СЯБЕ	[na sʲa'be]

| ABERTO | АДЧЫНЕНА | [a'tʃinena] |
| FECHADO | ЗАЧЫНЕНА | [za'tʃinena] |

| MULHER | ДЛЯ ЖАНЧЫН | [dlʲa ʒan'tʃin] |
| HOMEM | ДЛЯ МУЖЧЫН | [dlʲa mu'ʃɕin] |

DESCONTOS	СКІДКІ	['skitki]
SALDOS, PROMOÇÃO	РАСПРОДАЖ	[ras'prɔdaʃ]
NOVIDADE!	НАВІНКА!	[na'vinka]
GRÁTIS	БЯСПЛАТНА	[bʲas'platna]

ATENÇÃO!	УВАГА!	[u'vaɦa]
NÃO HÁ VAGAS	МЕСЦАЎ НЯМА	['mesʲtsaw nʲa'ma]
RESERVADO	ЗАРЭЗЕРВАВАНА	[zarɛzerva'vana]

ADMINISTRAÇÃO	АДМІНІСТРАЦЫЯ	[admini'stratsʲia]
SOMENTE PESSOAL	ТОЛЬКІ ДЛЯ ПЕРСАНАЛУ	['tolʲki dlʲa persa'nalu]
AUTORIZADO		

CUIDADO CÃO FEROZ	ЗЛЫ САБАКА	['zlɨ sa'baka]
PROIBIDO FUMAR!	НЕ КУРЫЦЬ!	[ne ku'rits ʲ]
NÃO TOCAR	РУКАМІ НЕ КРАНАЦЬ!	[ru'kami ne kra'natsʲ]

PERIGOSO	НЕБЯСПЕЧНА	[nebʲa'spetʃna]
PERIGO	НЕБЯСПЕКА	[nebʲa'speka]
ALTA TENSÃO	ВЫСОКАЕ НАПРУЖАННЕ	[vɨ'sɔkae na'pruʒanne]
PROIBIDO NADAR	КУПАЦЦА ЗАБАРОНЕНА	[ku'patsa zaba'rɔnena]
COM DEFEITO	НЕ ПРАЦУЕ	[ne pra'tsue]

INFLAMÁVEL	ВОГНЕНЕБЯСПЕЧНА	[voɦnenebʲas'petʃna]
PROIBIDO	ЗАБАРОНЕНА	[zaba'rɔnena]
ENTRADA PROIBIDA	ПРАХОД ЗАБАРОНЕНЫ	[pra'hɔd zaba'rɔneni]
CUIDADO TINTA FRESCA	ПАФАРБАВАНА	[pafarba'vana]

31. Compras

comprar (vt)	купляць	[kup'lʲatsʲ]
compra (f)	пакупка (ж)	[pa'kupka]
fazer compras	рабіць закупы	[ra'bitsʲ 'zakupɨ]
compras (f pl)	шопінг (м)	['ʃopinɦ]

| estar aberta (loja) | працаваць | [pratsa'vatsʲ] |
| estar fechada | зачыніцца | [zatʃi'nitsa] |

calçado (m)	абутак (м)	[a'butak]
roupa (f)	адзенне (н)	[a'dzenne]
cosméticos (m pl)	касметыка (ж)	[kas'metika]
alimentos (m pl)	прадукты (м мн)	[pra'dukti]
presente (m)	падарунак (м)	[pada'runak]

vendedor (m)	прадавец (м)	[prada'vets]
vendedora (f)	прадаўшчыца (ж)	[pradaw'ʃɕitsa]
caixa (f)	каса (ж)	['kasa]
espelho (m)	люстэрка (н)	[lʉs'tɛrka]

| balcão (m) | прылавак (м) | [pri'lavak] |
| provador (m) | прымерачная (ж) | [pri'meratʃnaʲa] |

provar (vt)	прымераць	[pri'meratsʲ]
servir (roupa, caber)	пасаваць	[pasa'vatsʲ]
gostar (apreciar)	падабацца	[pada'batsa]

preço (m)	цана (ж)	[tsa'na]
etiqueta (f) de preço	цэннік (м)	['tsɛnnik]
custar (vt)	каштаваць	[kaʃta'vatsʲ]
Quanto?	Колькі?	['kolʲki]
desconto (m)	скідка (ж)	['skitka]

não caro (adj)	недарагі	[nedara'ɦi]
barato (adj)	танны	['tanni]
caro (adj)	дарагі	[dara'ɦi]
É caro	Гэта дорага.	['ɦɛta 'dɔraɦa]

aluguel (m)	пракат (м)	[pra'kat]
alugar (roupas, etc.)	узяць напракат	[u'zʲatsʲ napra'kat]
crédito (m)	крэдыт (м)	[krɛ'dit]
a crédito	у крэдыт	[u krɛ'dit]

VESTUÁRIO & ACESSÓRIOS

32. Roupa exterior. Casacos

roupa (f)	адзенне (н)	[a'dzenne]
roupa (f) exterior	вопратка (ж)	['vɔpratka]
roupa (f) de inverno	зімовая вопратка (ж)	[zi'mɔvaʲa 'vɔpratka]
sobretudo (m)	паліто (н)	[pali'tɔ]
casaco (m) de pele	футра (н)	['futra]
jaqueta (f) de pele	паўкажушак (м)	[pawka'ʒwʃak]
casaco (m) acolchoado	пухавік (м)	[puha'vik]
casaco (m), jaqueta (f)	куртка (ж)	['kurtka]
impermeável (m)	плашч (м)	['plaʃɕ]
a prova d'água	непрамакальны	[neprama'kalʲni]

33. Vestuário de homem & mulher

camisa (f)	кашуля (ж)	[ka'ʃulʲa]
calça (f)	штаны (мн)	[ʃta'ni]
jeans (m)	джынсы (мн)	['dʒinsɨ]
paletó, terno (m)	пінжак (м)	[pin'ʒak]
terno (m)	касцюм (м)	[kas'tsʉm]
vestido (ex. ~ de noiva)	сукенка (ж)	[su'kenka]
saia (f)	спадніца (ж)	[spad'nitsa]
blusa (f)	блузка (ж)	['bluska]
casaco (m) de malha	кофта (ж)	['kɔfta]
casaco, blazer (m)	жакет (м)	[ʒa'ket]
camiseta (f)	футболка (ж)	[fud'bɔlka]
short (m)	шорты (мн)	['ʃɔrti]
training (m)	спартыўны касцюм (м)	[spar'tiwni kas'tsʉm]
roupão (m) de banho	халат (м)	[ha'lat]
pijama (m)	піжама (ж)	[pi'ʒama]
suéter (m)	світэр (м)	['svitɛr]
pulôver (m)	пуловер (м)	[pu'lɔver]
colete (m)	камізэлька (ж)	[kami'zɛlʲka]
fraque (m)	фрак (м)	['frak]
smoking (m)	смокінг (м)	['smɔkinɦ]
uniforme (m)	форма (ж)	['fɔrma]
roupa (f) de trabalho	працоўнае адзенне (н)	[pra'tsownae a'dzenne]
macacão (m)	камбінезон (м)	[kambine'zɔn]
jaleco (m), bata (f)	халат (м)	[ha'lat]

34. Vestuário. Roupa interior

roupa (f) íntima	бялізна (ж)	[bʲa'lizna]
cueca boxer (f)	трусы (мн)	[tru'sɨ]
calcinha (f)	трусікі (мн)	['trusiki]
camiseta (f)	майка (ж)	['majka]
meias (f pl)	шкарпэткі (ж мн)	[ʃkar'pɛtki]
camisola (f)	начная кашуля (ж)	[natʃ'najа ka'ʃulʲa]
sutiã (m)	бюстгальтар (м)	[bʉz'halʲtar]
meias longas (f pl)	гольфы (мн)	['holʲfɨ]
meias-calças (f pl)	калготкі (мн)	[kal'hotki]
meias (~ de nylon)	панчохі (ж мн)	[pan'tʃohi]
maiô (m)	купальнік (м)	[ku'palʲnik]

35. Adereços de cabeça

chapéu (m), touca (f)	шапка (ж)	['ʃapka]
chapéu (m) de feltro	капялюш (м)	[kapʲa'lʉʃ]
boné (m) de beisebol	бейсболка (ж)	[bejz'bolka]
boina (~ italiana)	кепка (ж)	['kepka]
boina (ex. ~ basca)	берэт (м)	[bʲa'rɛt]
capuz (m)	капюшон (м)	[kapʉ'ʃon]
chapéu panamá (m)	панамка (ж)	[pa'namka]
touca (f)	вязаная шапачка (ж)	[vʲazanaʲa 'ʃapatʃka]
lenço (m)	хустка (ж)	['hustka]
chapéu (m) feminino	капялюшык (м)	[kapʲa'lʉʃik]
capacete (m) de proteção	каска (ж)	['kaska]
bibico (m)	пілотка (ж)	[pi'lotka]
capacete (m)	шлем (м)	['ʃlem]
chapéu-coco (m)	кацялок (м)	[katsʲa'lok]
cartola (f)	цыліндр (м)	[tsɨ'lindr]

36. Calçado

calçado (m)	абутак (м)	[a'butak]
botinas (f pl), sapatos (m pl)	чаравікі (м мн)	[tʃara'viki]
sapatos (de salto alto, etc.)	туфлі (м мн)	['tufli]
botas (f pl)	боты (м мн)	['botɨ]
pantufas (f pl)	тапачкі (ж мн)	['tapatʃki]
tênis (~ Nike, etc.)	красоўкі (ж мн)	[kra'sɔwki]
tênis (~ Converse)	кеды (м мн)	['kedɨ]
sandálias (f pl)	сандалі (ж мн)	[san'dali]
sapateiro (m)	шавец (м)	[ʃa'vets]
salto (m)	абцас (м)	[ap'tsas]

par (m)	пара (ж)	['para]
cadarço (m)	шнурок (м)	[ʃnu'rɔk]
amarrar os cadarços	шнураваць	[ʃnura'vatsʲ]
calçadeira (f)	ражок (м)	[ra'ʒɔk]
graxa (f) para calçado	крэм (м) для абутку	['krɛm dlʲa a'butku]

37. Acessórios pessoais

luva (f)	пальчаткі (ж мн)	[palʲ'ʧatki]
mitenes (f pl)	рукавіцы (ж мн)	[ruka'vitsi]
cachecol (m)	шалік (м)	['ʃalik]
óculos (m pl)	акуляры (мн)	[aku'lʲari]
armação (f)	аправа (ж)	[a'prava]
guarda-chuva (m)	парасон (м)	[para'sɔn]
bengala (f)	палка (ж)	['palka]
escova (f) para o cabelo	шчотка (ж) для валасоў	['ʃɕɔtka dlʲa vala'sɔw]
leque (m)	веер (м)	['veer]
gravata (f)	гальштук (м)	['halʲʃtuk]
gravata-borboleta (f)	гальштук-мушка (ж)	['halʲʃtuk 'muʃka]
suspensórios (m pl)	шлейкі (мн)	['ʃlejki]
lenço (m)	насоўка (ж)	[na'sɔwka]
pente (m)	грабянец (м)	[ɦrabʲa'nets]
fivela (f) para cabelo	заколка (ж)	[za'kɔlka]
grampo (m)	шпілька (ж)	['ʃpilʲka]
fivela (f)	спражка (ж)	['spraʃka]
cinto (m)	пояс (м)	['pɔʲas]
alça (f) de ombro	рэмень (м)	['rɛmenʲ]
bolsa (f)	сумка (ж)	['sumka]
bolsa (feminina)	сумачка (ж)	['sumaʧka]
mochila (f)	рукзак (м)	[rug'zak]

38. Vestuário. Diversos

moda (f)	мода (ж)	['mɔda]
na moda (adj)	модны	['mɔdni]
estilista (m)	мадэльер (м)	[madɛ'lʲer]
colarinho (m)	каўнер (м)	[kaw'ner]
bolso (m)	кішэня (ж)	[ki'ʃɛnʲa]
de bolso	кішэнны	[ki'ʃɛnni]
manga (f)	рукаў (м)	[ru'kaw]
ganchinho (m)	вешалка (ж)	['veʃalka]
bragueta (f)	прарэх (м)	[pra'rɛɦ]
zíper (m)	маланка (ж)	[ma'lanka]
colchete (m)	зашпілька (ж)	[za'ʃpilʲka]
botão (m)	гузік (м)	['ɦuzik]

botoeira (casa de botão)	прарэшак (м)	[pra'rɛʃak]
soltar-se (vr)	адарвацца	[adar'vatsa]
costurar (vi)	шыць	['ʃitsʲ]
bordar (vt)	вышываць	[viʃi'vatsʲ]
bordado (m)	вышыўка (ж)	['viʃiwka]
agulha (f)	іголка (ж)	[i'hɔlka]
fio, linha (f)	нітка (ж)	['nitka]
costura (f)	шво (н)	['ʃvɔ]
sujar-se (vr)	запэцкацца	[za'pɛtskatsa]
mancha (f)	пляма (ж)	['plʲama]
amarrotar-se (vr)	памяцца	[pa'mʲatsa]
rasgar (vt)	падраць	[pad'ratsʲ]
traça (f)	моль (ж)	['mɔlʲ]

39. Cuidados pessoais. Cosméticos

pasta (f) de dente	зубная паста (ж)	[zub'naʲa 'pasta]
escova (f) de dente	зубная шчотка (ж)	[zub'naʲa 'ʃʧotka]
escovar os dentes	чысціць зубы	[ʧʲisʲtsʲitsʲ zu'bi]
gilete (f)	брытва (ж)	['britva]
creme (m) de barbear	крэм (м) для галення	['krɛm dlʲa ha'lɛnnʲa]
barbear-se (vr)	галіцца	[ha'litsa]
sabonete (m)	мыла (н)	['miła]
xampu (m)	шампунь (м)	[ʃam'punʲ]
tesoura (f)	нажніцы (мн)	[naʒ'nitsi]
lixa (f) de unhas	пілачка (ж) для пазногцяў	['pilaʧka dlʲa paz'nɔhtsʲaw]
corta-unhas (m)	шчыпчыкі (мн)	['ʃʧipʧiki]
pinça (f)	пінцэт (м)	[pin'tsɛt]
cosméticos (m pl)	касметыка (ж)	[kas'metika]
máscara (f)	маска (ж)	['maska]
manicure (f)	манікюр (м)	[mani'kʉr]
fazer as unhas	рабіць манікюр	[ra'bitsʲ mani'kʉr]
pedicure (f)	педыкюр (м)	[pedi'kʉr]
bolsa (f) de maquiagem	касметычка (ж)	[kasme'tiʧka]
pó (de arroz)	пудра (ж)	['pudra]
pó (m) compacto	пудраніца (ж)	['pudranitsa]
blush (m)	румяны (мн)	[ru'mʲani]
perfume (m)	парфума (ж)	[par'fuma]
água-de-colônia (f)	туалетная вада (ж)	[tua'letnaʲa va'da]
loção (f)	ласьён (м)	[la'sjɔn]
colônia (f)	адэкалон (м)	[adɛka'lɔn]
sombra (f) de olhos	цені (м мн) для павек	['tseni dlʲa pa'vek]
delineador (m)	аловак (м) для вачэй	[a'lɔvah dlʲa va'ʧɛj]
máscara (f), rímel (m)	туш (ж)	['tuʃ]
batom (m)	губная памада (ж)	[hub'naʲa pa'mada]

esmalte (m)	лак (м) для пазногцяў	['laɦ dlʲa paz'nɔɦtslaw]
laquê (m), spray fixador (m)	лак (м) для валасоў	['laɦ dlʲa vala'sɔw]
desodorante (m)	дэзадарант (м)	[dɛzada'rant]

creme (m)	крэм (м)	['krɛm]
creme (m) de rosto	крэм (м) для твару	['krɛm dlʲa 'tvaru]
creme (m) de mãos	крэм (м) для рук	['krɛm dlʲa 'ruk]
creme (m) antirrugas	крэм (м) супраць зморшчын	['krɛm 'supratsʲ 'zmɔrʃɕin]
creme (m) de dia	дзённы крэм (м)	['dzʲonnɨ 'krɛm]
creme (m) de noite	начны крэм (м)	[natʃʲnɨ 'krɛm]
de dia	дзённы	['dzʲonnɨ]
da noite	начны	[natʃʲnɨ]

absorvente (m) interno	тампон (м)	[tam'pɔn]
papel (m) higiênico	туалетная папера (ж)	[tua'letnalа pa'pera]
secador (m) de cabelo	фен (м)	['fen]

40. Relógios de pulso. Relógios

relógio (m) de pulso	гадзіннік (м)	[ɦa'dzinnik]
mostrador (m)	цыферблат (м)	[tsɨfer'blat]
ponteiro (m)	стрэлка (ж)	['strɛlka]
bracelete (em aço)	бранзалет (м)	[branza'let]
bracelete (em couro)	раменьчык (м)	[ra'menʲtʃik]

pilha (f)	батарэйка (ж)	[bata'rɛjka]
acabar (vi)	сесці	['sesʲtsi]
trocar a pilha	памяняць батарэйку	[pamʲa'nʲatsʲ bata'rɛjku]
estar adiantado	спяшацца	[spʲa'ʃatsa]
estar atrasado	адставаць	[atsta'vatsʲ]

relógio (m) de parede	гадзіннік (м) насценны	[ɦa'dzinnik nas'tsenni]
ampulheta (f)	гадзіннік (м) пясочны	[ɦa'dzinnik pʲa'sɔtʃni]
relógio (m) de sol	гадзіннік (м) сонечны	[ɦa'dzinnik 'sɔnetʃni]
despertador (m)	будзільнік (м)	[bu'dzilʲnik]
relojoeiro (m)	гадзіншчык (м)	[ɦa'dzinʃɕik]
reparar (vt)	рамантаваць	[ramanta'vatsʲ]

EXPERIÊNCIA DO QUOTIDIANO

41. Dinheiro

dinheiro (m)	грошы (мн)	['hrɔʃi]
câmbio (m)	абмен (м)	[ab'men]
taxa (f) de câmbio	курс (м)	['kurs]
caixa (m) eletrônico	банкамат (м)	[banka'mat]
moeda (f)	манета (ж)	[ma'neta]
dólar (m)	долар (м)	['dɔlar]
euro (m)	еўра (м)	['ewra]
lira (f)	ліра (ж)	['lira]
marco (m)	марка (ж)	['marka]
franco (m)	франк (м)	['frank]
libra (f) esterlina	фунт (м) стэрлінгаў	['funt 'stɛrlinhaw]
iene (m)	іена (ж)	[i'ena]
dívida (f)	доўг (м)	['dɔwh]
devedor (m)	даўжнік (м)	[dawʒ'nik]
emprestar (vt)	даць у доўг	['datsʲ u 'dɔwh]
pedir emprestado	узяць у доўг	[u'zʲatsʲ u 'dɔwh]
banco (m)	банк (м)	['bank]
conta (f)	рахунак (м)	[ra'hunak]
depositar (vt)	пакласці	[pa'klasʲtsi]
depositar na conta	пакласці на рахунак	[pa'klasʲtsi na ra'hunak]
sacar (vt)	зняць з рахунку	['znʲatsʲ z ra'hunku]
cartão (m) de crédito	крэдытная картка (ж)	[krɛ'ditnaʲa 'kartka]
dinheiro (m) vivo	гатоўка (ж)	[ha'tɔwka]
cheque (m)	чэк (м)	['tʃɛk]
passar um cheque	выпісаць чэк	['vipisatsʲ 'tʃɛk]
talão (m) de cheques	чэкавая кніжка (ж)	['tʃɛkavaʲa 'kniʃka]
carteira (f)	бумажнік (м)	[bu'maʒnik]
niqueleira (f)	кашалёк (м)	[kaʃa'lʲok]
cofre (m)	сейф (м)	['sejf]
herdeiro (m)	спадчыннік (м)	['spatʃinnik]
herança (f)	спадчына (ж)	['spatʃina]
fortuna (riqueza)	маёмасць (ж)	['maʲomastsʲ]
arrendamento (m)	арэнда (ж)	[a'rɛnda]
aluguel (pagar o ~)	кватэрная плата (ж)	[kva'tɛrnaʲa 'plata]
alugar (vt)	наймаць	[naj'matsʲ]
preço (m)	цана (ж)	[tsa'na]
custo (m)	кошт (м)	['kɔʃt]

soma (f)	сума (ж)	['suma]
gastar (vt)	траціць	['traⁱtsitsʲ]
gastos (m pl)	выдаткі (м мн)	[vɨ'datki]
economizar (vi)	эканоміць	[ɛka'nɔmitsʲ]
econômico (adj)	эканомны	[ɛka'nɔmnɨ]

pagar (vt)	плаціць	[pla'tsitsʲ]
pagamento (m)	аплата (ж)	[a'plata]
troco (m)	рэшта (ж)	['rɛʃta]

imposto (m)	падатак (м)	[pa'datak]
multa (f)	штраф (м)	['ʃtraf]
multar (vt)	штрафаваць	[ʃtrafa'vatsʲ]

42. Correios. Serviço postal

agência (f) dos correios	пошта (ж)	['pɔʃta]
correio (m)	пошта (ж)	['pɔʃta]
carteiro (m)	паштальён (м)	[paʃta'ljɔn]
horário (m)	гадзіны (ж мн) працы	[ɦa'dzinɨ 'pratsɨ]

carta (f)	ліст (м)	['list]
carta (f) registada	заказны ліст (м)	[zakaz'nɨ 'list]
cartão (m) postal	паштоўка (ж)	[paʃ'tɔwka]
telegrama (m)	тэлеграма (ж)	[tɛle'ɦrama]
encomenda (f)	пасылка (ж)	[pa'sɨłka]
transferência (f) de dinheiro	грашовы перавод (м)	[ɦra'ʃɔvɨ pera'vɔt]

receber (vt)	атрымаць	[atrɨ'matsʲ]
enviar (vt)	адправіць	[at'pravitsʲ]
envio (m)	адпраўка (ж)	[at'prawka]

endereço (m)	адрас (м)	['adras]
código (m) postal	індэкс (м)	['indɛks]
remetente (m)	адпраўшчык (м)	[at'prawʃɕik]
destinatário (m)	атрымальнік (м)	[atrɨ'malʲnik]
nome (m)	імя (н)	[i'mʲa]
sobrenome (m)	прозвішча (н)	['prɔzʲviʃɕa]

tarifa (f)	тарыф (м)	[ta'rif]
ordinário (adj)	звычайны	[zvɨ'tʃajnɨ]
econômico (adj)	эканамічны	[ɛkana'mitʃnɨ]

peso (m)	вага (ж)	[va'ɦa]
pesar (estabelecer o peso)	узважваць	[uz'vaʒvatsʲ]
envelope (m)	канверт (м)	[kan'vert]
selo (m) postal	марка (ж)	['marka]

43. Banca

| banco (m) | банк (м) | ['bank] |
| balcão (f) | аддзяленне (н) | [adzʲa'lenne] |

consultor (m) bancário	кансультант (м)	[kansul'tant]
gerente (m)	загадчык (м)	[za'ɦatʃik]

conta (f)	рахунак (м)	[ra'hunak]
número (m) da conta	нумар (м) рахунку	['numar ra'hunku]
conta (f) corrente	бягучы рахунак (м)	[bʲa'ɦutʃi ra'hunak]
conta (f) poupança	назапашвальны рахунак (м)	[naza'paʃvalʲnɨ ra'hunak]

abrir uma conta	адкрыць рахунак	[atk'ritsʲ ra'hunak]
fechar uma conta	закрыць рахунак	[za'kritsʲ ra'hunak]
depositar na conta	пакласці на рахунак	[pa'klasʲtsi na ra'hunak]
sacar (vt)	зняць з рахунку	['znʲatsʲ z ra'hunku]

depósito (m)	уклад (м)	[u'klat]
fazer um depósito	зрабіць уклад	[zra'bitsʲ u'klat]
transferência (f) bancária	перавод (м)	[pera'vɔt]
transferir (vt)	зрабіць перавод	[zra'bitsʲ pera'vɔt]

soma (f)	сума (ж)	['suma]
Quanto?	Колькі?	['kɔlʲki]

assinatura (f)	подпіс (м)	['pɔtpis]
assinar (vt)	падпісаць	[patpi'satsʲ]

cartão (m) de crédito	крэдытная картка (ж)	[krɛ'ditnaʲa 'kartka]
senha (f)	код (м)	['kɔt]
número (m) do cartão de crédito	нумар (м) крэдытнай карткі	['numar krɛ'ditnaj 'kartki]
caixa (m) eletrônico	банкамат (м)	[banka'mat]

cheque (m)	чэк (м)	['tʃɛk]
passar um cheque	выпісаць чэк	['vipisatsʲ 'tʃɛk]
talão (m) de cheques	чэкавая кніжка (ж)	['tʃɛkavaʲa 'kniʃka]

empréstimo (m)	крэдыт (м)	[krɛ'dit]
pedir um empréstimo	звяртацца па крэдыт	[zvʲar'tatsa pa krɛ'dit]
obter empréstimo	браць крэдыт	['bratsʲ krɛ'dit]
dar um empréstimo	даваць крэдыт	[da'vatsʲ krɛ'dit]
garantia (f)	гарантыя (ж)	[ɦa'rantiʲa]

44. Telefone. Conversação telefônica

telefone (m)	тэлефон (м)	[tɛle'fɔn]
celular (m)	мабільны тэлефон (м)	[ma'bilʲnɨ tɛle'fɔn]
secretária (f) eletrônica	аўтаадказчык (м)	[awtaat'kaʃɕik]

fazer uma chamada	тэлефанаваць	[tɛlefana'vatsʲ]
chamada (f)	тэлефанаванне (н)	[tɛlefana'vanne]

discar um número	набраць нумар	[nab'ratsʲ 'numar]
Alô!	алё!	[a'lʲo]
perguntar (vt)	спытаць	[spɨ'tatsʲ]
responder (vt)	адказаць	[atka'zatsʲ]

ouvir (vt)	чуць	['ʧutsʲ]
bem	добра	['dɔbra]
mal	дрэнна	['drɛnna]
ruído (m)	перашкоды (ж мн)	[pera'ʃkɔdi]

fone (m)	трубка (ж)	['trupka]
pegar o telefone	зняць трубку	['znʲatsʲ 'trupku]
desligar (vi)	пакласці трубку	[pa'klasʲtsi 'trupku]

ocupado (adj)	заняты	[za'nʲati]
tocar (vi)	званіць	[zva'nitsʲ]
lista (f) telefônica	тэлефонная кніга (ж)	[tɛle'fɔnnaʲa 'kniɦa]

local (adj)	мясцовы	[mʲas'tsɔvi]
chamada (f) local	мясцовы званок (м)	[mʲas'tsɔvi zva'nok]
de longa distância	міжгародні	[miʒɦa'rɔdni]
chamada (f) de longa distância	міжгародні званок (м)	[miʒɦa'rɔdni zva'nok]
internacional (adj)	міжнародны	[miʒna'rɔdni]
chamada (f) internacional	міжнародны званок (м)	[miʒna'rɔdni zva'nok]

45. Telefone móvel

celular (m)	мабільны тэлефон (м)	[ma'bilʲni tɛle'fɔn]
tela (f)	дысплей (м)	[dis'plej]
botão (m)	кнопка (ж)	['knɔpka]
cartão SIM (m)	SIM-картка (ж)	[sim'kartka]

bateria (f)	батарэя (ж)	[bata'rɛʲa]
descarregar-se (vr)	разрадзіцца	[razra'dzitsa]
carregador (m)	зарадная прылада (ж)	[za'radnaʲa pri'lada]

menu (m)	меню (н)	[me'nʉ]
configurações (f pl)	наладкі (ж мн)	[na'latki]
melodia (f)	мелодыя (ж)	[me'lɔdʲʲa]
escolher (vt)	выбраць	['vibratsʲ]

calculadora (f)	калькулятар (м)	[kalʲku'lʲatar]
correio (m) de voz	галасавая пошта (ж)	[ɦalasa'vaja 'poʃta]
despertador (m)	будзільнік (м)	[bu'dzilʲnik]
contatos (m pl)	тэлефонная кніга (ж)	[tɛle'fɔnnaʲa 'kniɦa]

| mensagem (f) de texto | SMS-паведамленне (н) | [ɛsɛ'mɛs pavedam'lenne] |
| assinante (m) | абанент (м) | [aba'nent] |

46. Estacionário

| caneta (f) | аўтаручка (ж) | [awta'ruʧka] |
| caneta (f) tinteiro | ручка (ж) пёравая | ['ruʧka 'pʲoravaʲa] |

| lápis (m) | аловак (м) | [a'lɔvak] |
| marcador (m) de texto | маркёр (м) | [mar'kʲor] |

caneta (f) hidrográfica	фламастэр (м)	[fla'mastɛr]
bloco (m) de notas	блакнот (м)	[blak'nɔt]
agenda (f)	штодзённік (м)	[ʃtɔ'dzʲonnik]
régua (f)	лінейка (ж)	[li'nejka]
calculadora (f)	калькулятар (м)	[kalʲku'lʲatar]
borracha (f)	сцірка (ж)	['stsirka]
alfinete (m)	кнопка (ж)	['knɔpka]
clipe (m)	сашчэпка (ж)	[sa'ʃɕɛpka]
cola (f)	клей (м)	['klej]
grampeador (m)	стэплер (м)	['stɛpler]
furador (m) de papel	дзіркакол (м)	[dzirka'kɔl]
apontador (m)	тачылка (ж)	[ta'tʃilka]

47. Línguas estrangeiras

língua (f)	мова (ж)	['mɔva]
estrangeiro (adj)	замежны	[za'meʒni]
língua (f) estrangeira	замежная мова (ж)	[za'meʒnaʲa 'mɔva]
estudar (vt)	вывучаць	[vivu'tʃatsʲ]
aprender (vt)	вучыць	[vu'tʃitsʲ]
ler (vt)	чытаць	[tʃi'tatsʲ]
falar (vi)	гаварыць	[ɦava'ritsʲ]
entender (vt)	разумець	[razu'metsʲ]
escrever (vt)	пісаць	[pi'satsʲ]
rapidamente	хутка	['hutka]
devagar, lentamente	павольна	[pa'vɔlʲna]
fluentemente	лёгка	['lʲoɦka]
regras (f pl)	правілы (н мн)	['pravili]
gramática (f)	граматыка (ж)	[ɦra'matika]
vocabulário (m)	лексіка (ж)	['leksika]
fonética (f)	фанетыка (ж)	[fa'netika]
livro (m) didático	падручнік (м)	[pad'rutʃnik]
dicionário (m)	слоўнік (м)	['slɔwnik]
manual (m) autodidático	самавучыцель (м)	[samavu'tʃitselʲ]
guia (m) de conversação	размоўнік (м)	[raz'mɔwnik]
fita (f) cassete	касета (ж)	[ka'seta]
videoteipe (m)	відэакасета (ж)	['vidɛa ka'seta]
CD (m)	кампакт-дыск (м)	[kam'pakt 'disk]
DVD (m)	DVD (м)	[dziwi'dzi]
alfabeto (m)	алфавіт (м)	[alfa'vit]
soletrar (vt)	гаварыць па літарах	[ɦava'ritsʲ pa 'litarah]
pronúncia (f)	вымаўленне (н)	[vimaw'lenne]
sotaque (m)	акцэнт (м)	[ak'tsɛnt]
com sotaque	з акцэнтам	[z ak'tsɛntam]
sem sotaque	без акцэнту	[bez ak'tsɛntu]

palavra (f)	слова (н)	['slova]
sentido (m)	сэнс (м)	['sɛns]
curso (m)	курсы (м мн)	['kursi]
inscrever-se (vr)	запісацца	[zapi'satsa]
professor (m)	выкладчык (м)	[vik'latʃik]
tradução (processo)	пераклад (м)	[pera'klat]
tradução (texto)	пераклад (м)	[pera'klat]
tradutor (m)	перакладчык (м)	[pera'klatʃik]
intérprete (m)	перакладчык (м)	[pera'klatʃik]
poliglota (m)	паліглот (м)	[pali'hlɔt]
memória (f)	памяць (ж)	['pamʲatsʲ]

REFEIÇÕES. RESTAURANTE

48. Por a mesa

colher (f)	лыжка (ж)	['liʃka]
faca (f)	нож (м)	['nɔʃ]
garfo (m)	відэлец (м)	[vi'dɛlets]
xícara (f)	кубак (м)	['kubak]
prato (m)	талерка (ж)	[ta'lerka]
pires (m)	сподак (м)	['spɔdak]
guardanapo (m)	сурвэтка (ж)	[sur'vɛtka]
palito (m)	зубачыстка (ж)	[zuba'ʧistka]

49. Restaurante

restaurante (m)	рэстаран (м)	[rɛsta'ran]
cafeteria (f)	кавярня (ж)	[ka'vʲarnʲa]
bar (m), cervejaria (f)	бар (м)	['bar]
salão (m) de chá	чайны салон (м)	['ʧajnɨ sa'lɔn]
garçom (m)	афіцыянт (м)	[afitsiʲʲant]
garçonete (f)	афіцыянтка (ж)	[afitsiʲʲantka]
barman (m)	бармэн (м)	[bar'mɛn]
cardápio (m)	меню (н)	[me'nʉ]
lista (f) de vinhos	карта (ж) вінаў	['karta 'vinaw]
reservar uma mesa	забраніраваць столік	[zabra'niravatsʲ 'stɔlik]
prato (m)	страва (ж)	['strava]
pedir (vt)	заказаць	[zaka'zatsʲ]
fazer o pedido	зрабіць заказ	[zra'bitsʲ za'kas]
aperitivo (m)	аперытыў (м)	[aperi'tiw]
entrada (f)	закуска (ж)	[za'kuska]
sobremesa (f)	дэсерт (м)	[dɛ'sert]
conta (f)	рахунак (м)	[ra'hunak]
pagar a conta	аплаціць рахунак	[apla'tsitsʲ ra'hunak]
dar o troco	даць рэшту	['datsʲ 'rɛʃtu]
gorjeta (f)	чаявыя (мн)	[ʧaʲa'vʲʲa]

50. Refeições

comida (f)	ежа (ж)	['eʒa]
comer (vt)	есці	['esʲtsi]

café (m) da manhã	сняданак (м)	[snʲaˈdanak]
tomar café da manhã	снедаць	[ˈsnedatsʲ]
almoço (m)	абед (м)	[aˈbet]
almoçar (vi)	абедаць	[aˈbedatsʲ]
jantar (m)	вячэра (ж)	[vʲaˈtʃɛra]
jantar (vi)	вячэраць	[vʲaˈtʃɛratsʲ]

apetite (m)	апетыт (м)	[apeˈtit]
Bom apetite!	Смачна есці!	[smatʃna ˈesʲtsi]

abrir (~ uma lata, etc.)	адкрываць	[atkriˈvatsʲ]
derramar (~ líquido)	разліць	[razˈlitsʲ]
derramar-se (vr)	разліцца	[razˈlitsa]

ferver (vi)	кіпець	[kiˈpetsʲ]
ferver (vt)	кіпяціць	[kipʲaˈtsitsʲ]
fervido (adj)	кіпячоны	[kipʲaˈtʃoni]
esfriar (vt)	астудзіць	[astuˈdzitsʲ]
esfriar-se (vr)	астуджвацца	[asˈtudʒvatsa]

sabor, gosto (m)	смак (м)	[ˈsmak]
fim (m) de boca	прысмак (м)	[ˈprismak]

emagrecer (vi)	худзець	[huˈdzetsʲ]
dieta (f)	дыета (ж)	[diˈeta]
vitamina (f)	вітамін (м)	[vitaˈmin]
caloria (f)	калорыя (ж)	[kaˈlorʲia]
vegetariano (m)	вегетарыянец (м)	[veɦetariˈʲanets]
vegetariano (adj)	вегетарыянскі	[veɦetariˈʲanski]

gorduras (f pl)	тлушчы (м мн)	[tluˈʃʲɕi]
proteínas (f pl)	бялкі (м мн)	[bʲalˈki]
carboidratos (m pl)	вугляводы (м мн)	[vuɦlʲaˈvodi]
fatia (~ de limão, etc.)	лустачка (ж)	[ˈlustatʃka]
pedaço (~ de bolo)	кавалак (м)	[kaˈvalak]
migalha (f), farelo (m)	крошка (ж)	[ˈkroʃka]

51. Pratos cozinhados

prato (m)	страва (ж)	[ˈstrava]
cozinha (~ portuguesa)	кухня (ж)	[ˈkuhnʲa]
receita (f)	рэцэпт (м)	[rɛˈtsɛpt]
porção (f)	порцыя (ж)	[ˈportsʲia]

salada (f)	салата (ж)	[saˈlata]
sopa (f)	суп (м)	[ˈsup]

caldo (m)	булён (м)	[buˈlʲon]
sanduíche (m)	бутэрброд (м)	[butɛrˈbrot]
ovos (m pl) fritos	яечня (ж)	[ʲaˈetʃnʲa]

hambúrguer (m)	гамбургер (м)	[ˈɦamburɦer]
bife (m)	біфштэкс (м)	[bifˈʃtɛks]
acompanhamento (m)	гарнір (м)	[ɦarˈnir]

espaguete (m)	спагеці (мн)	[spa'hetsi]
purê (m) de batata	бульбяное пюрэ (н)	[bulʲbʲa'nɔe pʉ'rɛ]
pizza (f)	піца (ж)	['pitsa]
mingau (m)	каша (ж)	['kaʃa]
omelete (f)	амлет (м)	[am'let]

fervido (adj)	вараны	['varani]
defumado (adj)	вэнджаны	['vɛndʒani]
frito (adj)	смажаны	['smaʒani]
seco (adj)	сушаны	['suʃani]
congelado (adj)	замарожаны	[zama'rɔʒani]
em conserva (adj)	марынаваны	[marina'vani]

doce (adj)	салодкі	[sa'lɔtki]
salgado (adj)	салёны	[sa'lʲoni]
frio (adj)	халодны	[ha'lɔdni]
quente (adj)	гарачы	[ha'ratʃi]
amargo (adj)	горкі	['horki]
gostoso (adj)	смачны	['smatʃni]

cozinhar em água fervente	варыць	[va'ritsʲ]
preparar (vt)	гатаваць	[hata'vatsʲ]
fritar (vt)	смажыць	['smaʒitsʲ]
aquecer (vt)	разаграваць	[razahra'vatsʲ]

salgar (vt)	саліць	[sa'litsʲ]
apimentar (vt)	перчыць	['pertʃitsʲ]
ralar (vt)	драць	['dratsʲ]
casca (f)	лупіна (ж)	[lu'pina]
descascar (vt)	абіраць	[abi'ratsʲ]

52. Comida

carne (f)	мяса (н)	['mʲasa]
galinha (f)	курыца (ж)	['kuritsa]
frango (m)	кураня (н)	[kura'nʲa]
pato (m)	качка (ж)	['katʃka]
ganso (m)	гусь (ж)	['husʲ]
caça (f)	дзічына (ж)	[dzi'tʃina]
peru (m)	індычка (ж)	[in'ditʃka]

carne (f) de porco	свініна (ж)	[svi'nina]
carne (f) de vitela	цяпяціна (ж)	[tʲaɡa'lʲatɕina]
carne (f) de carneiro	бараніна (ж)	[ba'ranina]
carne (f) de vaca	ялавічына (ж)	['ʲalavitʃina]
carne (f) de coelho	трус (м)	['trus]

linguiça (f), salsichão (m)	каўбаса (ж)	[kawba'sa]
salsicha (f)	сасіска (ж)	[sa'siska]
bacon (m)	бекон (м)	[be'kɔn]
presunto (m)	вяндліна (ж)	[vʲand'lina]
pernil (m) de porco	кумпяк (м)	[kum'pʲak]
patê (m)	паштэт (м)	[paʃ'tɛt]
fígado (m)	печань (ж)	['petʃanʲ]

| guisado (m) | фарш (м) | ['farʃ] |
| língua (f) | язык (м) | [ʲa'zik] |

ovo (m)	яйка (н)	['ʲajka]
ovos (m pl)	яйкі (н мн)	['ʲajki]
clara (f) de ovo	бялок (м)	[bʲa'lɔk]
gema (f) de ovo	жаўток (м)	[ʒaw'tɔk]

peixe (m)	рыба (ж)	['riba]
mariscos (m pl)	морапрадукты (м мн)	[mɔrapra'duktɨ]
crustáceos (m pl)	ракападобныя (мн)	[rakapa'dobnʲʲa]
caviar (m)	ікра (ж)	[ik'ra]

caranguejo (m)	краб (м)	['krap]
camarão (m)	крэветка (ж)	[krɛ'vetka]
ostra (f)	вустрыца (ж)	['vustritsa]
lagosta (f)	лангуст (м)	[lan'ɦust]
polvo (m)	васьміног (м)	[vasʲmi'nɔɦ]
lula (f)	кальмар (м)	[kalʲ'mar]

esturjão (m)	асятрына (ж)	[asʲa'trɨna]
salmão (m)	ласось (м)	[la'sɔsʲ]
halibute (m)	палтус (м)	['paltus]

bacalhau (m)	траска (ж)	[tras'ka]
cavala, sarda (f)	скумбрыя (ж)	['skumbrɨʲa]
atum (m)	тунец (м)	[tu'nets]
enguia (f)	вугор (м)	[vu'ɦɔr]

truta (f)	стронга (ж)	['strɔnɦa]
sardinha (f)	сардзіна (ж)	[sar'dzina]
lúcio (m)	шчупак (м)	[ʃɕu'pak]
arenque (m)	селядзец (м)	[selʲa'dzets]

pão (m)	хлеб (м)	['hlep]
queijo (m)	сыр (м)	['sɨr]
açúcar (m)	цукар (м)	['tsukar]
sal (m)	соль (ж)	['sɔlʲ]

arroz (m)	рыс (м)	['ris]
massas (f pl)	макарона (ж)	[maka'rɔna]
talharim, miojo (m)	локшына (ж)	['lɔkʃɨna]

manteiga (f)	масла (н)	['masla]
óleo (m) vegetal	алей (м)	[a'lej]
óleo (m) de girassol	сланечнікавы алей (м)	[sla'netʃnikavɨ a'lej]
margarina (f)	маргарын (м)	[marɦa'rin]

| azeitonas (f pl) | алівы (ж мн) | [a'livɨ] |
| azeite (m) | алей (м) аліўкавы | [a'lej a'liwkavɨ] |

leite (m)	малако (н)	[mala'kɔ]
leite (m) condensado	згушчанае малако (н)	['zɦuʃɕanae mala'kɔ]
iogurte (m)	ёгурт (м)	['ʲoɦurt]
creme (m) azedo	смятана (ж)	[smʲa'tana]
creme (m) de leite	вяршкі (мн)	[vʲarʲʃki]

maionese (f)	маянэз (м)	[maĭa'nɛs]
creme (m)	крэм (м)	['krɛm]
grãos (m pl) de cereais	крупы (мн)	['krupi]
farinha (f)	мука (ж)	[mu'ka]
enlatados (m pl)	кансервы (ж мн)	[kan'servi]
flocos (m pl) de milho	кукурузныя шматкі (м мн)	[kuku'ruznʲa ʃmat'ki]
mel (m)	мёд (м)	['mʲot]
geleia (m)	джэм (м)	['dʒɛm]
chiclete (m)	жавальная гумка (ж)	[ʒa'valʲnaĭa 'ɦumka]

53. Bebidas

água (f)	вада (ж)	[va'da]
água (f) potável	пітная вада (ж)	[pit'naĭa va'da]
água (f) mineral	мінеральная вада (ж)	[mine'ralʲnaĭa va'da]
sem gás (adj)	без газу	[bʲaz 'ɦazu]
gaseificada (adj)	газіраваны	[ɦazira'vani]
com gás	з газам	[z 'ɦazam]
gelo (m)	лёд (м)	['lʲot]
com gelo	з лёдам	[zʲ 'lʲodam]
não alcoólico (adj)	безалкагольны	[bezalka'ɦolʲnі]
refrigerante (m)	безалкагольны напітак (м)	[bezalka'ɦolʲni na'pitak]
refresco (m)	прахаладжальны напітак (м)	[prahala'dʒalʲni na'pitak]
limonada (f)	ліманад (м)	[lima'nat]
bebidas (f pl) alcoólicas	алкагольныя напіткі (м мн)	[alka'ɦolʲnʲa na'pitki]
vinho (m)	віно (н)	[vi'nɔ]
vinho (m) branco	белае віно (н)	['belae vi'nɔ]
vinho (m) tinto	чырвонае віно (н)	[tʃir'vɔnae vi'nɔ]
licor (m)	лікёр (м)	[li'kʲor]
champanhe (m)	шампанскае (н)	[ʃam'panskae]
vermute (m)	вермут (м)	['vermut]
uísque (m)	віскі (н)	['viski]
vodca (f)	гарэлка (ж)	[ɦa'rɛlka]
gim (m)	джын (м)	['dʒin]
conhaque (m)	каньяк (м)	[ka'nʲak]
rum (m)	ром (м)	['rɔm]
café (m)	кава (ж)	['kava]
café (m) preto	чорная кава (ж)	['tʃɔrnaĭa 'kava]
café (m) com leite	кава (ж) з малаком	['kava z mala'kɔm]
cappuccino (m)	кава (ж) з вяршкамі	['kava zʲ vʲarʃkami]
café (m) solúvel	раствaральная кава (ж)	[rastva'ralʲnaĭa 'kava]
leite (m)	малако (н)	[mala'kɔ]
coquetel (m)	кактэйль (м)	[kak'tɛjlʲ]
batida (f), milkshake (m)	малочны кактэйль (м)	[ma'lɔtʃni kak'tɛjlʲ]

suco (m)	сок (м)	['sɔk]
suco (m) de tomate	таматны сок (м)	[ta'matnɨ 'sɔk]
suco (m) de laranja	апельсінавы сок (м)	[apelʲ'sinavi 'sɔk]
suco (m) fresco	свежавыціснуты сок (м)	[sveʒa'vitsisnutɨ 'sɔk]
cerveja (f)	піва (н)	['piva]
cerveja (f) clara	светлае піва (н)	['svetlae 'piva]
cerveja (f) preta	цёмнае піва (н)	['tsʲomnae 'piva]
chá (m)	чай (м)	['tʃaj]
chá (m) preto	чорны чай (м)	['tʃornɨ 'tʃaj]
chá (m) verde	зялёны чай (м)	[zʲa'lʲonɨ 'tʃaj]

54. Vegetais

vegetais (m pl)	гародніна (ж)	[ɦa'rodnina]
verdura (f)	зеляніна (ж)	[zelʲa'nina]
tomate (m)	памідор (м)	[pami'dɔr]
pepino (m)	агурок (м)	[aɦu'rɔk]
cenoura (f)	морква (ж)	['mɔrkva]
batata (f)	бульба (ж)	['bulʲba]
cebola (f)	цыбуля (ж)	[tsɨ'bulʲa]
alho (m)	часнок (м)	[tʃas'nɔk]
couve (f)	капуста (ж)	[ka'pusta]
couve-flor (f)	квяцістая капуста (ж)	[kvʲa'tsista ka'pusta]
couve-de-bruxelas (f)	брусельская капуста (ж)	[bru'selʲskaʲa ka'pusta]
brócolis (m pl)	капуста (ж) браколі	[ka'pusta bra'kɔli]
beterraba (f)	бурак (м)	[bu'rak]
berinjela (f)	баклажан (м)	[bakla'ʒan]
abobrinha (f)	кабачок (м)	[kaba'tʃɔk]
abóbora (f)	гарбуз (м)	[ɦar'bus]
nabo (m)	рэпа (ж)	['rɛpa]
salsa (f)	пятрушка (ж)	[pʲal'ruʃka]
endro, aneto (m)	кроп (м)	['krɔp]
alface (f)	салата (ж)	[sa'lata]
aipo (m)	сельдэрэй (м)	[selʲdɛ'rɛj]
aspargo (m)	спаржа (ж)	['sparʒa]
espinafre (m)	шпінат (м)	[ʃpi'nat]
ervilha (f)	гарох (м)	[ɦa'rɔh]
feijão (~ soja, etc.)	боб (м)	['bɔp]
milho (m)	кукуруза (ж)	[kuku'ruza]
feijão (m) roxo	фасоля (ж)	[fa'sɔlʲa]
pimentão (m)	перац (м)	['perats]
rabanete (m)	радыска (ж)	[ra'diska]
alcachofra (f)	артышок (м)	[artɨ'ʃɔk]

55. Frutos. Nozes

fruta (f)	фрукт (м)	['frukt]
maçã (f)	яблык (м)	['ʲablik]
pera (f)	груша (ж)	['hruʃa]
limão (m)	лімон (м)	[li'mɔn]
laranja (f)	апельсін (м)	[apelʲ'sin]
morango (m)	клубніцы (ж мн)	[klub'nitsi]

tangerina (f)	мандарын (м)	[manda'rin]
ameixa (f)	сліва (ж)	['sliva]
pêssego (m)	персік (м)	['persik]
damasco (m)	абрыкос (м)	[abrʲ'kɔs]
framboesa (f)	маліны (ж мн)	[ma'lini]
abacaxi (m)	ананас (м)	[ana'nas]

banana (f)	банан (м)	[ba'nan]
melancia (f)	кавун (м)	[ka'vun]
uva (f)	вінаград (м)	[vina'hrat]
ginja (f)	вішня (ж)	['viʃnʲa]
cereja (f)	чарэшня (ж)	[ʧa'rɛʃnʲa]
melão (m)	дыня (ж)	['dinʲa]

toranja (f)	грэйпфрут (м)	[hrɛjp'frut]
abacate (m)	авакада (н)	[ava'kada]
mamão (m)	папайя (ж)	[pa'paʲa]
manga (f)	манга (н)	['manha]
romã (f)	гранат (м)	[hra'nat]

groselha (f) vermelha	чырвоныя парэчкі (ж мн)	[ʧir'vonʲa pa'rɛʧki]
groselha (f) negra	чорныя парэчкі (ж мн)	['ʧornʲa pa'rɛʧki]
groselha (f) espinhosa	агрэст (м)	[ah'rɛst]
mirtilo (m)	чарніцы (ж мн)	[ʧar'nitsi]
amora (f) silvestre	ажыны (ж мн)	[a'ʒini]

passa (f)	разынкі (ж мн)	[ra'zinki]
figo (m)	інжыр (м)	[in'ʒir]
tâmara (f)	фінік (м)	['finik]

amendoim (m)	арахіс (м)	[a'rahis]
amêndoa (f)	міндаль (м)	[min'dalʲ]
noz (f)	арэх (м)	[a'rɛh]
avelã (f)	арэх (м)	[a'rɛh]
coco (m)	арэх (м) какосавы	[a'rɛh ka'kɔɛavi]
pistaches (m pl)	фісташкі (ж мн)	[fis'taʃki]

56. Pão. Bolaria

pastelaria (f)	кандытарскія вырабы (м мн)	[kan'ditarskiʲa 'virabi]
pão (m)	хлеб (м)	['hlep]
biscoito (m), bolacha (f)	печыва (н)	['peʧiva]
chocolate (m)	шакалад (м)	[ʃaka'lat]

de chocolate	шакаладны	[ʃakaˈladni]
bala (f)	цукерка (ж)	[ʦuˈkerka]
doce (bolo pequeno)	пірожнае (н)	[piˈrɔʒnae]
bolo (m) de aniversário	торт (м)	[ˈtɔrt]

| torta (f) | пірог (м) | [piˈrɔɦ] |
| recheio (m) | начынка (ж) | [naˈʧinka] |

geleia (m)	варэнне (н)	[vaˈrɛnne]
marmelada (f)	мармелад (м)	[marmeˈlat]
wafers (m pl)	вафлі (ж мн)	[ˈvafli]
sorvete (m)	марожанае (н)	[maˈrɔʒanae]

57. Especiarias

sal (m)	соль (ж)	[ˈsɔlʲ]
salgado (adj)	салёны	[saˈlʲoni]
salgar (vt)	саліць	[saˈlitsʲ]

pimenta-do-reino (f)	чорны перац (м)	[ˈʧɔrni ˈperats]
pimenta (f) vermelha	чырвоны перац (м)	[ʧirˈvɔni ˈperats]
mostarda (f)	гарчыца (ж)	[ɦarˈʧitsa]
raiz-forte (f)	хрэн (м)	[ˈhrɛn]

condimento (m)	прыправа (ж)	[pripˈrava]
especiaria (f)	духмяная спецыя (ж)	[duhˈmʲanaʲa ˈspetsiʲa]
molho (~ inglês)	соус (м)	[ˈsɔus]
vinagre (m)	воцат (м)	[ˈvɔtsat]

anis estrelado (m)	аніс (м)	[aˈnis]
manjericão (m)	базілік (м)	[baziˈlik]
cravo (m)	гваздзіка (ж)	[ɦvazʲˈdzika]
gengibre (m)	імбір (м)	[imˈbir]
coentro (m)	каляндра (ж)	[kaˈlʲandra]
canela (f)	карыца (ж)	[kaˈritsa]

gergelim (m)	кунжут (м)	[kunˈʒut]
folha (f) de louro	лаўровы ліст (м)	[lawˈrɔvɨ ˈlist]
páprica (f)	папрыка (ж)	[ˈpaprika]
cominho (m)	кмен (м)	[ˈkmen]
açafrão (m)	шафран (м)	[ʃafˈran]

INFORMAÇÃO PESSOAL. FAMÍLIA

58. Informação pessoal. Formulários

nome (m)	імя (н)	[i'mʲa]
sobrenome (m)	прозвішча (н)	['prɔzʲviʃca]
data (f) de nascimento	дата (ж) нараджэння	['data nara'dʒɛnnʲa]
local (m) de nascimento	месца (н) нараджэння	['mesʲtsa nara'dʒɛnnʲa]
nacionalidade (f)	нацыянальнасць (ж)	[natsʲiʲa'nalʲnastsʲ]
lugar (m) de residência	месца (н) жыхарства	['mesʲtsa ʒiʲharstva]
país (m)	краіна (ж)	[kra'ina]
profissão (f)	прафесія (ж)	[pra'fesiʲa]
sexo (m)	пол (м)	['pɔl]
estatura (f)	рост (м)	['rɔst]
peso (m)	вага (ж)	[va'ɦa]

59. Membros da família. Parentes

mãe (f)	маці (ж)	['matsi]
pai (m)	бацька (м)	['batsʲka]
filho (m)	сын (м)	['sɨn]
filha (f)	дачка (ж)	[datʃ'ka]
caçula (f)	малодшая дачка (ж)	[ma'lɔtʃaʲa datʃ'ka]
caçula (m)	малодшы сын (м)	[ma'lɔtʃi 'sɨn]
filha (f) mais velha	старэйшая дачка (ж)	[sta'rɛjʃaʲa datʃ'ka]
filho (m) mais velho	старэйшы сын (м)	[sta'rɛjʃi 'sɨn]
irmão (m)	брат (м)	['brat]
irmão (m) mais velho	старшы брат (м)	['starʃi 'brat]
irmão (m) mais novo	меншы брат (м)	['menʃi 'brat]
irmã (f)	сястра (ж)	[sʲast'ra]
irmã (f) mais velha	старшая сястра (ж)	['starʃaʲa sʲas'tra]
irmã (f) mais nova	малодшая сястра (ж)	[ma'lɔtʃaʲa sʲas'tra]
prlmo (m)	стрыечны брат (м)	[stri'etʃni 'brat]
prima (f)	стрыечная сястра (ж)	[stri'etʃnaʲa sʲas'tra]
mamãe (f)	мама (ж)	['mama]
papai (m)	тата (м)	['tata]
pais (pl)	бацькі (мн)	[batsʲ'ki]
criança (f)	дзіця (н)	[dzi'tsʲa]
crianças (f pl)	дзеці (н мн)	['dzetsi]
avó (f)	бабуля (ж)	[ba'bulʲa]
avô (m)	дзядуля (м)	[dzʲa'dulʲa]
neto (m)	унук (м)	[u'nuk]

neta (f)	унучка (ж)	[u'nutʃka]
netos (pl)	унукі (м мн)	[u'nuki]
tio (m)	дзядзька (м)	['dzʲatsʲka]
tia (f)	цётка (ж)	['tsʲotka]
sobrinho (m)	пляменнік (м)	[plʲa'mennik]
sobrinha (f)	пляменніца (ж)	[plʲa'mennitsa]
sogra (f)	цешча (ж)	['tseʃca]
sogro (m)	свёкар (м)	['svʲokar]
genro (m)	зяць (м)	['zʲatsʲ]
madrasta (f)	мачаха (ж)	['matʃaha]
padrasto (m)	айчым (м)	[aj'tʃim]
criança (f) de colo	груднoе дзіця (н)	[ɦrud'nɔe dzi'tsʲa]
bebê (m)	немаўля (н)	[nemaw'lʲa]
menino (m)	малыш (м)	[ma'liʃ]
mulher (f)	жонка (ж)	['ʒɔnka]
marido (m)	муж (м)	['muʃ]
esposo (m)	муж (м)	['muʃ]
esposa (f)	жонка (ж)	['ʒɔnka]
casado (adj)	жанаты	[ʒa'nati]
casada (adj)	замужняя	[za'muʒnæʲa]
solteiro (adj)	халасты	[halas'ti]
solteirão (m)	халасцяк (м)	[halas'tsʲak]
divorciado (adj)	разведзены	[raz'vedzeni]
viúva (f)	удава (ж)	[u'dava]
viúvo (m)	удавец (м)	[uda'vets]
parente (m)	сваяк (м)	[sva'ʲak]
parente (m) próximo	блізкі сваяк (м)	[bliski sva'ʲak]
parente (m) distante	далёкі сваяк (м)	[da'lʲoki sva'ʲak]
parentes (m pl)	сваякі (м мн)	[svaʲa'ki]
órfão (m), órfã (f)	сірата (м, ж)	[sira'ta]
tutor (m)	апякун (м)	[apʲa'kun]
adotar (um filho)	усынавіць	[usina'vitsʲ]
adotar (uma filha)	удачарыць	[ʊdatʃa'ritsʲ]

60. Amigos. Colegas de trabalho

amigo (m)	сябар (м)	['sʲabar]
amiga (f)	сяброўка (ж)	[sʲab'rɔwka]
amizade (f)	сяброўства (н)	[sʲab'rɔwstva]
ser amigos	сябраваць	[sʲabra'vatsʲ]
amigo (m)	прыяцель (м)	['priʲatselʲ]
amiga (f)	прыяцелька (ж)	['priʲatselʲka]
parceiro (m)	партнёр (м)	[part'nʲor]
chefe (m)	шэф (м)	['ʃɛf]
superior (m)	начальнік (м)	[na'tʃalʲnik]

proprietário (m)	уладальнік (м)	[ula'dalʲnik]
subordinado (m)	падначалены (м)	[padna'ʧaleni]
colega (m, f)	калега (м, ж)	[ka'leɦa]

conhecido (m)	знаёмы (м)	[zna'ʲomi]
companheiro (m) de viagem	спадарожнік (м)	[spada'roʒnik]
colega (m) de classe	аднакласнік (м)	[adna'klasnik]

vizinho (m)	сусед (м)	[su'set]
vizinha (f)	суседка (ж)	[su'setka]
vizinhos (pl)	суседзі (м мн)	[su'seʣi]

CORPO HUMANO. MEDICINA

61. Cabeça

cabeça (f)	галава (ж)	[ɦalaˈva]
rosto, cara (f)	твар (м)	[ˈtvar]
nariz (m)	нос (м)	[ˈnɔs]
boca (f)	рот (м)	[ˈrɔt]
olho (m)	вока (н)	[ˈvɔka]
olhos (m pl)	вочы (н мн)	[ˈvɔtʃi]
pupila (f)	зрэнка (ж)	[ˈzrɛnka]
sobrancelha (f)	брыво (н)	[briˈvɔ]
cílio (f)	вейка (ж)	[ˈvejka]
pálpebra (f)	павека (н)	[paˈveka]
língua (f)	язык (м)	[ˈʲaˈzik]
dente (m)	зуб (м)	[ˈzup]
lábios (m pl)	губы (ж мн)	[ˈɦubi]
maçãs (f pl) do rosto	скулы (ж мн)	[ˈskuli]
gengiva (f)	дзясна (ж)	[dzʲasˈna]
palato (m)	паднябенне (н)	[padnʲaˈbenne]
narinas (f pl)	ноздры (ж мн)	[ˈnɔzdri]
queixo (m)	падбародак (м)	[padbaˈrɔdak]
mandíbula (f)	сківіца (ж)	[ˈskivitsa]
bochecha (f)	шчака (ж)	[ʃɕaˈka]
testa (f)	лоб (м)	[ˈlɔp]
têmpora (f)	скронь (ж)	[ˈskrɔnʲ]
orelha (f)	вуха (н)	[ˈvuha]
costas (f pl) da cabeça	патыліца (ж)	[paˈtilitsa]
pescoço (m)	шыя (ж)	[ˈʃʲʲa]
garganta (f)	горла (н)	[ˈɦɔrla]
cabelo (m)	валасы (м мн)	[valaˈsi]
penteado (m)	прычоска (ж)	[priˈtʃɔska]
corte (m) de cabelo	стрыжка (ж)	[ˈstriʃka]
peruca (f)	парык (м)	[paˈrik]
bigode (m)	вусы (м мн)	[ˈvusi]
barba (f)	барада (ж)	[baraˈda]
ter (~ barba, etc.)	насіць	[naˈsitsʲ]
trança (f)	каса (ж)	[kaˈsa]
suíças (f pl)	бакенбарды (мн)	[bakenˈbardi]
ruivo (adj)	рыжы	[ˈriʒi]
grisalho (adj)	сівы	[siˈvi]
careca (adj)	лысы	[ˈlisi]
calva (f)	лысіна (ж)	[ˈlisina]

| rabo-de-cavalo (m) | хвост (м) | ['hvɔst] |
| franja (f) | чубок (м) | [ʧu'bɔk] |

62. Corpo humano

| mão (f) | кісць (ж) | ['kistsʲ] |
| braço (m) | рука (ж) | [ru'ka] |

dedo (m)	палец (м)	['palets]
dedo (m) do pé	палец (м)	['palets]
polegar (m)	вялікі палец (м)	[vʲa'liki 'palets]
dedo (m) mindinho	мезенец (м)	['mezenets]
unha (f)	пазногаць (м)	[paz'nɔɦatsʲ]

punho (m)	кулак (м)	[ku'lak]
palma (f)	далонь (ж)	[da'lɔnʲ]
pulso (m)	запясце (н)	[za'pʲasʲtse]
antebraço (m)	перадплечча (н)	[perat'pleʧa]
cotovelo (m)	локаць (м)	['lɔkatsʲ]
ombro (m)	плячо (н)	[plʲa'ʧɔ]

perna (f)	нага (ж)	[na'ɦa]
pé (m)	ступня (ж)	[stup'nʲa]
joelho (m)	калена (н)	[ka'lena]
panturrilha (f)	лытка (ж)	['lɨtka]
quadril (m)	сцягно (н)	[stsʲaɦ'nɔ]
calcanhar (m)	пятка (ж)	['pʲatka]

corpo (m)	цела (н)	['tsela]
barriga (f), ventre (m)	жывот (м)	[ʒɨ'vɔt]
peito (m)	грудзі (мн)	['ɦrudzi]
seio (m)	грудзі (мн)	['ɦrudzi]
lado (m)	бок (м)	['bɔk]
costas (dorso)	спіна (ж)	['spina]
região (f) lombar	паясніца (ж)	[paʲas'nitsa]
cintura (f)	талія (ж)	['taliʲa]

umbigo (m)	пупок (м)	[pu'pɔk]
nádegas (f pl)	ягадзіцы (ж мн)	[ʲaɦadzitsi]
traseiro (m)	зад (м)	['zat]

sinal (m), pinta (f)	радзімка (ж)	[ra'dzimka]
sinal (m) de nascença	радзімая пляма (ж)	[ra'dzimaʲa 'plʲama]
tatuagem (f)	татуіроўка (ж)	[tatui'rɔwka]
cicatriz (f)	шрам (м)	['ʃram]

63. Doenças

doença (f)	хвароба (ж)	[hva'rɔba]
estar doente	хварэць	[hva'rɛtsʲ]
saúde (f)	здароўе (н)	[zda'rɔwe]
nariz (m) escorrendo	насмарк (м)	['nasmark]

amigdalite (f)	ангіна (ж)	[an'ĥina]
resfriado (m)	прастуда (ж)	[pra'studa]
ficar resfriado	прастудзіцца	[prastu'dzitsa]
bronquite (f)	бранхіт (м)	[bran'hit]
pneumonia (f)	запаленне (н) лёгкіх	[zapa'lenne 'lʲoĥkih]
gripe (f)	грып (м)	['ĥrip]
míope (adj)	блізарукі	[bliza'ruki]
presbita (adj)	дальназоркі	[dalʲna'zɔrki]
estrabismo (m)	касавокасць (ж)	[kasa'vɔkastsʲ]
estrábico, vesgo (adj)	касавокі	[kasa'vɔki]
catarata (f)	катаракта (ж)	[kata'rakta]
glaucoma (m)	глаўкома (ж)	[ĥlaw'kɔma]
AVC (m), apoplexia (f)	інсульт (м)	[in'sulʲt]
ataque (m) cardíaco	інфаркт (м)	[in'farkt]
enfarte (m) do miocárdio	інфаркт (м) міякарда	[in'farkt miʲa'karda]
paralisia (f)	параліч (м)	[para'litʃ]
paralisar (vt)	паралізаваць	[paraliza'vatsʲ]
alergia (f)	алергія (ж)	[aler'ĥiʲa]
asma (f)	астма (ж)	['astma]
diabetes (f)	дыябет (м)	[dʲʲa'bet]
dor (f) de dente	зубны боль (м)	[zub'ni 'bɔlʲ]
cárie (f)	карыес (м)	['karies]
diarreia (f)	дыярэя (ж)	[dʲʲa'rɛʲa]
prisão (f) de ventre	запор (м)	[za'pɔr]
desarranjo (m) intestinal	расстройства (н) страўніка	[ras'strɔjstva 'strawnika]
intoxicação (f) alimentar	атручванне (н)	[a'trutʃvanne]
intoxicar-se	атруціцца	[atru'tsitsa]
artrite (f)	артрыт (м)	[art'rit]
raquitismo (m)	рахіт (м)	[ra'hit]
reumatismo (m)	рэўматызм (м)	[rɛwma'tizm]
arteriosclerose (f)	атэрасклероз (м)	[atɛraskle'rɔs]
gastrite (f)	гастрыт (м)	[ĥas'trit]
apendicite (f)	апендыцыт (м)	[apendi'tsit]
colecistite (f)	халецыстыт (м)	[haletsis'tit]
úlcera (f)	язва (ж)	['ʲazva]
sarampo (m)	адзёр (м)	[a'dzʲor]
rubéola (f)	краснуха (ж)	[kras'nuha]
icterícia (f)	жаўтуха (ж)	[ʒaw'tuha]
hepatite (f)	гепатыт (м)	[ĥepa'tit]
esquizofrenia (f)	шызафрэнія (ж)	[ʃizafrɛ'niʲa]
raiva (f)	шаленства (н)	[ʃa'lenstva]
neurose (f)	неўроз (м)	[new'rɔs]
contusão (f) cerebral	страсенне (н) мазгоў	[stra'senne maz'ĥow]
câncer (m)	рак (м)	['rak]
esclerose (f)	склероз (м)	[skle'rɔs]

esclerose (f) múltipla	рассеяны склероз (м)	[ras'seˑanɨ skle'rɔs]
alcoolismo (m)	алкагалізм (м)	[alkaɦa'lizm]
alcoólico (m)	алкаголік (м)	[alka'ɦɔlik]
sífilis (f)	сіфіліс (м)	['sifilis]
AIDS (f)	СНІД (м)	['snit]

tumor (m)	пухліна (ж)	[puh'lina]
maligno (adj)	злаякасная	[zla'ˑakasnaˑa]
benigno (adj)	дабраякасная	[dabra'ˑakasnaˑa]

febre (f)	ліхаманка (ж)	[liha'manka]
malária (f)	малярыя (ж)	[malˑa'riˑa]
gangrena (f)	гангрэна (ж)	[ɦan'ɦrɛna]
enjoo (m)	марская хвароба (ж)	[mar'skaˑa hva'rɔba]
epilepsia (f)	эпілепсія (ж)	[ɛpi'lepsiˑa]

epidemia (f)	эпідэмія (ж)	[ɛpi'dɛmiˑa]
tifo (m)	тыф (м)	['tif]
tuberculose (f)	сухоты (мн)	[su'hɔti]
cólera (f)	халера (ж)	[ha'lera]
peste (f) bubônica	чума (ж)	[ʧu'ma]

64. Sintomas. Tratamentos. Parte 1

sintoma (m)	сімптом (м)	[simp'tɔm]
temperatura (f)	тэмпература (ж)	[tɛmpera'tura]
febre (f)	высокая тэмпература (ж)	[vi'sɔkaˑa tɛmpera'tura]
pulso (m)	пульс (м)	['pulˑs]

vertigem (f)	галавакружэнне (н)	[ɦalava'kruʒɛnne]
quente (testa, etc.)	гарачы	[ɦa'ratʃi]
calafrio (m)	дрыжыкі (мн)	['driʒiki]
pálido (adj)	бледны	['bledni]

tosse (f)	кашаль (м)	['kaʃalˑ]
tossir (vi)	кашляць	['kaʃlˑatsˑ]
espirrar (vi)	чхаць	['ʧhatsˑ]
desmaio (m)	непрытомнасць (ж)	[nepri'tɔmnastsˑ]
desmaiar (vi)	страціць прытомнасць	[stratsits pri'tɔmnastsˑ]

mancha (f) preta	сіняк (м)	[si'nˑak]
galo (m)	гуз (м)	['ɦus]
machucar-se (vr)	стукнуцца	['stuknutsa]
contusão (f)	выцятае месца (н)	[vitsˑatae 'mestsa]
machucar-se (vr)	выцяцца	['vitsˑatsa]

mancar (vi)	кульгаць	[kulˑ'ɦatsˑ]
deslocamento (f)	звіх (м)	['zˑvih]
deslocar (vt)	звіхнуць	[zˑvih'nutsˑ]
fratura (f)	пералом (м)	[pera'lɔm]
fraturar (vt)	атрымаць пералом	[atri'matsˑ pera'lɔm]

corte (m)	парэз (м)	[pa'rɛs]
cortar-se (vr)	парэзацца	[pa'rɛzatsa]

hemorragia (f)	крывацёк (м)	[kriva'tsʲok]
queimadura (f)	апёк (м)	[a'pʲok]
queimar-se (vr)	апячыся	[apʲa'tʃisʲa]
picar (vt)	укалоць	[uka'lɔtsʲ]
picar-se (vr)	укалоцца	[uka'lɔtsa]
lesionar (vt)	пашкодзіць	[paʃ'kɔdzitsʲ]
lesão (m)	пашкоджанне (н)	[paʃ'kɔdʒanne]
ferida (f), ferimento (m)	рана (ж)	['rana]
trauma (m)	траўма (ж)	['trawma]
delirar (vi)	трызніць	['trizʲnitsʲ]
gaguejar (vi)	заікацца	[zai'katsa]
insolação (f)	сонечны ўдар (м)	['sɔnetʃni u'dar]

65. Sintomas. Tratamentos. Parte 2

dor (f)	боль (м)	['bɔlʲ]
farpa (no dedo, etc.)	стрэмка (ж)	['strɛmka]
suor (m)	пот (м)	['pɔt]
suar (vi)	пацець	[pa'tsetsʲ]
vômito (m)	ваніты (мн)	[va'niti]
convulsões (f pl)	сутаргі (ж мн)	['sutarɦi]
grávida (adj)	цяжарная	[tsʲa'ʒarnaʲa]
nascer (vi)	нарадзіцца	[nara'dzitsa]
parto (m)	роды (мн)	['rɔdi]
dar à luz	нараджаць	[nara'dʒatsʲ]
aborto (m)	аборт (м)	[a'bɔrt]
respiração (f)	дыханне (н)	[di'hanne]
inspiração (f)	удых (м)	[u'dih]
expiração (f)	выдых (м)	['vidih]
expirar (vi)	выдыхнуць	['vidihnutsʲ]
inspirar (vi)	зрабіць удых	[zra'bitsʲ u'dih]
inválido (m)	інвалід (м)	[inva'lit]
aleijado (m)	калека (м, ж)	[ka'leka]
drogado (m)	наркаман (м)	[narka'man]
surdo (adj)	глухі	[ɦlu'hi]
mudo (adj)	нямы	[nʲa'mi]
surdo-mudo (adj)	глуханямы	[ɦluhanʲa'mi]
louco, insano (adj)	звар'яцелы	[zvar'ʲa'tseli]
louco (m)	вар'ят (м)	[va'r'ʲat]
louca (f)	вар'ятка (ж)	[va'r'ʲatka]
ficar louco	звар'яцець	[zvar'ʲa'tsetsʲ]
gene (m)	ген (м)	['ɦen]
imunidade (f)	імунітэт (м)	[imuni'tɛt]
hereditário (adj)	спадчынны	['spatʃinni]
congênito (adj)	прыроджаны	[pri'rɔdʒani]

vírus (m)	вірус (м)	['virus]
micróbio (m)	мікроб (м)	[mik'rɔp]
bactéria (f)	бактэрыя (ж)	[bak'tɛriʲa]
infecção (f)	інфекцыя (ж)	[in'fektsiʲa]

66. Sintomas. Tratamentos. Parte 3

hospital (m)	бальніца (ж)	[balʲ'nitsa]
paciente (m)	пацыент (м)	[patsi'ent]
diagnóstico (m)	дыягназ (м)	[diʲ'aɦnas]
cura (f)	лячэнне (н)	[lʲa'tʃɛnne]
curar-se (vr)	лячыцца	[lʲa'tʃitsa]
tratar (vt)	лячыць	[lʲa'tʃitsʲ]
cuidar (pessoa)	даглядаць	[daɦlʲa'datsʲ]
cuidado (m)	догляд (м)	['dɔɦlʲat]
operação (f)	аперацыя (ж)	[ape'ratsiʲa]
enfaixar (vt)	перавязаць	[peravʲa'zatsʲ]
enfaixamento (m)	перавязванне (н)	[pera'vʲazvanne]
vacinação (f)	прышчэпка (ж)	[pri'ʃɕɛpka]
vacinar (vt)	рабіць прышчэпку	[ra'bitsʲ pri'ʃɕɛpku]
injeção (f)	укол (м)	[u'kɔl]
dar uma injeção	рабіць укол	[ra'bitsʲ u'kɔl]
ataque (~ de asma, etc.)	прыступ, прыпадак (м)	[pristup], [pri'padak]
amputação (f)	ампутацыя (ж)	[ampu'tatsiʲa]
amputar (vt)	ампутаваць	[amputa'vatsʲ]
coma (f)	кома (ж)	['kɔma]
estar em coma	быць у коме	[bitsʲ u 'kɔme]
reanimação (f)	рэанімацыя (ж)	[rɛani'matsiʲa]
recuperar-se (vr)	паправляцца	[papraw'lʲatsa]
estado (~ de saúde)	стан (м)	['stan]
consciência (perder a ~)	прытомнасць (ж)	[pri'tɔmnastsʲ]
memória (f)	памяць (ж)	['pamʲatsʲ]
tirar (vt)	вырываць	[viri'vatsʲ]
obturação (f)	пломба (ж)	['plɔmba]
obturar (vt)	пламбіраваць	[plambira'vatsʲ]
hipnose (f)	гіпноз (м)	[ɦip'nɔs]
hipnotizar (vt)	гіпнатызаваць	[ɦipnatiza'vatsʲ]

67. Medicina. Drogas. Acessórios

medicamento (m)	лякарства (н)	[lʲa'karstva]
remédio (m)	сродак (м)	['srɔdak]
receitar (vt)	прапісаць	[prapi'satsʲ]
receita (f)	рэцэпт (м)	[rɛ'tsɛpt]
comprimido (m)	таблетка (ж)	[tab'letka]

unguento (m)	мазь (ж)	['masʲ]
ampola (f)	ампула (ж)	['ampula]
solução, preparado (m)	мікстура (ж)	[miks'tura]
xarope (m)	сіроп (м)	[si'rɔp]
cápsula (f)	пілюля (ж)	[pi'lʉlʲa]
pó (m)	парашок (м)	[para'ʃɔk]
atadura (f)	бінт (м)	['bint]
algodão (m)	вата (ж)	['vata]
iodo (m)	ёд (м)	[ʲot]
curativo (m) adesivo	лейкапластыр (м)	[lejka'plastir]
conta-gotas (m)	піпетка (ж)	[pi'petka]
termômetro (m)	градуснік (м)	['ɦradusnik]
seringa (f)	шпрыц (м)	['ʃprits]
cadeira (f) de rodas	каляска (ж)	[ka'lʲaska]
muletas (f pl)	мыліцы (ж мн)	['militsi]
analgésico (m)	абязбольвальнае (н)	[abʲaz'bolʲvalʲnae]
laxante (m)	слабіцельнае (н)	[sla'bitselʲnae]
álcool (m)	спірт (м)	['spirt]
ervas (f pl) medicinais	трава (ж)	[tra'va]
de ervas (chá ~)	травяны	[travʲa'nɨ]

APARTAMENTO

68. Apartamento

apartamento (m)	кватэра (ж)	[kva'tɛra]
quarto, cômodo (m)	пакой (м)	[pa'kɔj]
quarto (m) de dormir	спальня (ж)	['spalʲnʲa]
sala (f) de jantar	сталоўка (ж)	[sta'lɔwka]
sala (f) de estar	гасцёўня (ж)	[ɦas'tsʲownʲa]
escritório (m)	кабінет (м)	[kabi'net]
sala (f) de entrada	вітальня (ж)	[vi'talʲnʲa]
banheiro (m)	ванны пакой (м)	['vannɨ pa'kɔj]
lavabo (m)	прыбіральня (ж)	[pribi'ralʲnʲa]
teto (m)	столь (ж)	['stɔlʲ]
chão, piso (m)	падлога (ж)	[pad'lɔɦa]
canto (m)	кут (м)	['kut]

69. Mobiliário. Interior

mobiliário (m)	мэбля (ж)	['mɛblʲa]
mesa (f)	стол (м)	['stɔl]
cadeira (f)	крэсла (н)	['krɛsla]
cama (f)	ложак (м)	['lɔʒak]
sofá, divã (m)	канапа (ж)	[ka'napa]
poltrona (f)	фатэль (м)	[fa'tɛlʲ]
estante (f)	шафа (ж)	['ʃafa]
prateleira (f)	паліца (ж)	[pa'litsa]
guarda-roupas (m)	шафа (ж)	['ʃafa]
cabide (m) de parede	вешалка (ж)	['veʃalka]
cabideiro (m) de pé	вешалка (ж)	['veʃalka]
cômoda (f)	камода (ж)	[ka'mɔda]
mesinha (f) de centro	часопісны столік (м)	[tʃɑ'ɔɔpiɔni 'ɔtɔlik]
espelho (m)	люстэрка (н)	[lʉs'tɛrka]
tapete (m)	дыван (м)	[dɨ'van]
tapete (m) pequeno	дыванок (м)	[diva'nɔk]
lareira (f)	камін (м)	[ka'min]
vela (f)	свечка (ж)	['svetʃka]
castiçal (m)	падсвечнік (м)	[pat'svetʃnik]
cortinas (f pl)	шторы (мн)	['ʃtɔrɨ]
papel (m) de parede	шпалеры (ж мн)	[ʃpa'lerɨ]

persianas (f pl)	жалюзі (мн)	[ʒalʉ'zi]
luminária (f) de mesa	настольная лямпа (ж)	[na'stolʲnaʲa 'lʲampa]
luminária (f) de parede	свяцільня (ж)	[svʲa'tsilʲnʲa]
abajur (m) de pé	таршэр (м)	[tar'ʃɛr]
lustre (m)	люстра (ж)	['lʉstra]

pé (de mesa, etc.)	ножка (ж)	['nɔʃka]
braço, descanso (m)	падлакотнік (м)	[padla'kɔtnik]
costas (f pl)	спінка (ж)	['spinka]
gaveta (f)	шуфляда (ж)	[ʃuf'lʲada]

70. Quarto de dormir

roupa (f) de cama	бялізна (ж)	[bʲa'lizna]
travesseiro (m)	падушка (ж)	[pa'duʃka]
fronha (f)	навалочка (ж)	[nava'lɔtʃka]
cobertor (m)	коўдра (ж)	['kɔwdra]
lençol (m)	прасціна (ж)	[prasʲtsi'na]
colcha (f)	пакрывала (н)	[pakri'vala]

71. Cozinha

cozinha (f)	кухня (ж)	['kuhnʲa]
gás (m)	газ (м)	['ɦas]
fogão (m) a gás	пліта (ж) газавая	[pli'ta 'ɦazavaʲa]
fogão (m) elétrico	пліта (ж) электрычная	[pli'ta ɛlekt'ritʃnaʲa]
forno (m)	духоўка (ж)	[du'hɔwka]
forno (m) de micro-ondas	мікрахвалевая печ (ж)	[mikra'hvalevaʲa 'petʃ]

geladeira (f)	халадзільнік (м)	[hala'dzilʲnik]
congelador (m)	маразілка (ж)	[mara'zilka]
máquina (f) de lavar louça	пасудамыечная машына (ж)	[pasuda'mietʃnaʲa ma'ʃina]

moedor (m) de carne	мясарубка (ж)	[mʲasa'rupka]
espremedor (m)	сокавыціскалка (ж)	[sɔkavitsi'skalka]
torradeira (f)	тостэр (м)	['tɔstɛr]
batedeira (f)	міксер (м)	['mikser]

máquina (f) de café	кававарка (ж)	[kava'varka]
cafeteira (f)	кафейнік (м)	[ka'fejnik]
moedor (m) de café	кавамолка (ж)	[kava'mɔlka]

chaleira (f)	чайнік (м)	['tʃajnik]
bule (m)	імбрычак (м)	[im'britʃak]
tampa (f)	накрыўка (ж)	['nakriwka]
coador (m) de chá	сітца (н)	['sitsa]

colher (f)	лыжка (ж)	['liʃka]
colher (f) de chá	чайная лыжка (ж)	['tʃajnaʲa 'liʃka]
colher (f) de sopa	сталовая лыжка (ж)	[sta'lovaʲa 'liʃka]
garfo (m)	відэлец (м)	[vi'dɛlets]

faca (f)	нож (м)	['nɔʃ]
louça (f)	посуд (м)	['pɔsut]
prato (m)	талерка (ж)	[ta'lerka]
pires (m)	сподак (м)	['spɔdak]
cálice (m)	чарка (ж)	['tʃarka]
copo (m)	шклянка (ж)	['ʃklʲanka]
xícara (f)	кубак (м)	['kubak]
açucareiro (m)	цукарніца (ж)	['tsukarnitsa]
saleiro (m)	салянка (ж)	[sa'lʲanka]
pimenteiro (m)	перачніца (ж)	['peratʃnitsa]
manteigueira (f)	масленіца (ж)	['maslenitsa]
panela (f)	рондаль (м)	['rɔndalʲ]
frigideira (f)	патэльня (ж)	[pa'tɛlʲnʲa]
concha (f)	апалонік (м)	[apa'lɔnik]
coador (m)	друшляк (м)	[druʃ'lʲak]
bandeja (f)	паднос (м)	[pad'nɔs]
garrafa (f)	бутэлька (ж)	[bu'tɛlʲka]
pote (m) de vidro	слоік (м)	['slɔik]
lata (~ de cerveja)	бляшанка (ж)	[blʲa'ʃanka]
abridor (m) de garrafa	адкрывалка (ж)	[atkri'valka]
abridor (m) de latas	адкрывалка (ж)	[atkri'valka]
saca-rolhas (m)	штопар (м)	['ʃtɔpar]
filtro (m)	фільтр (м)	['filʲtr]
filtrar (vt)	фільтраваць	[filʲtra'vatsʲ]
lixo (m)	смецце (н)	['smetse]
lixeira (f)	вядро (н) для смецця	[vʲa'drɔ dlʲa 'smetsʲa]

72. Casa de banho

banheiro (m)	ванны пакой (м)	['vanni pa'kɔj]
água (f)	вада (ж)	[va'da]
torneira (f)	кран (м)	['kran]
água (f) quente	гарачая вада (ж)	[ħa'ratʃaʲa va'da]
água (f) fria	халодная вада (ж)	[ha'lɔdnaʲa va'da]
pasta (f) de dente	зубная паста (ж)	[zub'naʲa 'pasta]
escovar os dentes	чысціць зубы	[tʃisʲtsitsʲ zu'hi]
escova (f) de dento	зубная шчотка (ж)	[zub'naʲa 'ʃɕɔtka]
barbear-se (vr)	галіцца	[ħa'litsa]
espuma (f) de barbear	пена (ж) для галення	['pena dlʲa ħa'lennʲa]
gilete (f)	брытва (ж)	['britva]
lavar (vt)	мыць	['mitsʲ]
tomar banho	мыцца	['mitsa]
chuveiro (m), ducha (f)	душ (м)	['duʃ]
tomar uma ducha	прымаць душ	[pri'matsʲ 'duʃ]
banheira (f)	ванна (ж)	['vanna]

vaso (m) sanitário	унітаз (м)	[uni'tas]
pia (f)	ракавіна (ж)	['rakavina]
sabonete (m)	мыла (н)	['miɫa]
saboneteira (f)	мыльніца (ж)	['milʲnitsa]
esponja (f)	губка (ж)	['ɦupka]
xampu (m)	шампунь (м)	[ʃam'punʲ]
toalha (f)	ручнік (м)	[ruʧ'nik]
roupão (m) de banho	халат (м)	[ha'lat]
lavagem (f)	мыццё (н)	[mi'tsʲo]
lavadora (f) de roupas	пральная машына (ж)	['pralʲnaʲa ma'ʃina]
lavar a roupa	мыць бялізну	['mitsʲ bʲa'liznu]
detergente (m)	пральны парашок (м)	['pralʲni para'ʃok]

73. Eletrodomésticos

televisor (m)	тэлевізар (м)	[tɛle'vizar]
gravador (m)	магнітафон (м)	[maɦnita'fon]
videogravador (m)	відэамагнітафон (м)	['vidɛa maɦnita'fon]
rádio (m)	прыёмнік (м)	[pri'ʲomnik]
leitor (m)	плэер (м)	['plɛer]
projetor (m)	відэапраектар (м)	['vidɛa pra'ektar]
cinema (m) em casa	хатні кінатэатр (м)	['hatni kinatɛ'atr]
DVD Player (m)	прайгравальнік (м) DVD	[prajɦra'valʲniɦ dzivi'dzi]
amplificador (m)	узмацняльнік (м)	[uzmats'nʲalʲnik]
console (f) de jogos	гульнявая прыстаўка (ж)	[ɦulʲnʲa'vaʲa pri'stawka]
câmera (f) de vídeo	відэакамера (ж)	['vidɛa 'kamera]
máquina (f) fotográfica	фотаапарат (м)	[fotaapa'rat]
câmera (f) digital	лічбавы фотаапарат (м)	['lidʒbavi fotaapa'rat]
aspirador (m)	пыласос (м)	[piɫa'sos]
ferro (m) de passar	прас (м)	['pras]
tábua (f) de passar	прасавальная дошка (ж)	[prasa'valʲnaʲa 'doʃka]
telefone (m)	тэлефон (м)	[tɛle'fon]
celular (m)	мабільны тэлефон (м)	[ma'bilʲni tɛle'fon]
máquina (f) de escrever	машынка (ж)	[ma'ʃinka]
máquina (f) de costura	машынка (ж)	[ma'ʃinka]
microfone (m)	мікрафон (м)	[mikra'fon]
fone (m) de ouvido	навушнікі (м мн)	[na'vuʃniki]
controle remoto (m)	пульт (м)	['pulʲt]
CD (m)	кампакт-дыск (м)	[kam'pakt 'disk]
fita (f) cassete	касета (ж)	[ka'seta]
disco (m) de vinil	пласцінка (ж)	[plas'tsinka]

A TERRA. TEMPO

74. Espaço sideral

espaço, cosmo (m)	космас (м)	['kɔsmas]
espacial, cósmico (adj)	касмічны	[kas'mitʃni]
espaço (m) cósmico	касмічная прастора (ж)	[kas'mitʃnaʲa pras'tɔra]
mundo (m)	свет (м)	['svet]
universo (m)	сусвет (м)	[sus'vet]
galáxia (f)	галактыка (ж)	[ɦa'laktika]
estrela (f)	зорка (ж)	['zɔrka]
constelação (f)	сузор'е (н)	[su'zɔrʲe]
planeta (m)	планета (ж)	[pla'neta]
satélite (m)	спадарожнік (м)	[spada'rɔʒnik]
meteorito (m)	метэарыт (м)	[metɛa'rit]
cometa (m)	камета (ж)	[ka'meta]
asteroide (m)	астэроід (м)	[astɛ'rɔit]
órbita (f)	арбіта (ж)	[ar'bita]
girar (vi)	круціцца	[kru'tsitsa]
atmosfera (f)	атмасфера (ж)	[atma'sfera]
Sol (m)	Сонца (н)	['sɔntsa]
Sistema (m) Solar	Сонечная сістэма (ж)	['sɔnetʃnaʲa sis'tɛma]
eclipse (m) solar	сонечнае зацьменне (н)	['sɔnetʃnae zatsʲ'menne]
Terra (f)	Зямля (ж)	[zʲam'lʲa]
Lua (f)	Месяц (м)	['mesʲats]
Marte (m)	Марс (м)	['mars]
Vênus (f)	Венера (ж)	[ve'nera]
Júpiter (m)	Юпітэр (м)	[ʉ'pitɛr]
Saturno (m)	Сатурн (м)	[sa'turn]
Mercúrio (m)	Меркурый (м)	[mer'kurij]
Urano (m)	Уран (м)	[u'ran]
Netuno (m)	Нептун (м)	[nep'tun]
Plutão (m)	Плутон (м)	[plu'tɔn]
Via Láctea (f)	Млечны Шлях (м)	['mletʃni ʃlʲah]
Ursa Maior (f)	Вялікая Мядзведзіца (ж)	[vʲa'likaʲa mʲadzʲ'vedzitsa]
Estrela Polar (f)	Палярная зорка (ж)	[pa'lʲarnaʲa 'zɔrka]
marciano (m)	марсіянін (м)	[marsiʲ'anin]
extraterrestre (m)	іншапланецянін (м)	[inʃaplane'tsʲanin]
alienígena (m)	прышэлец (м)	[pri'ʃɛlets]

disco (m) voador	лятаючая талерка (ж)	[lʲa'taᵘtʃaˡa ta'lerka]
espaçonave (f)	касмічны карабель (м)	[kas'mitʃnɨ kara'belʲ]
estação (f) orbital	арбітальная станцыя (ж)	[arbi'talʲnaˡa 'stantsʲʲa]
lançamento (m)	старт (м)	['start]

motor (m)	рухавік (м)	[ruha'vik]
bocal (m)	сапло (н)	[sap'lɔ]
combustível (m)	паліва (н)	['paliva]

| cabine (f) | кабіна (ж) | [ka'bina] |
| antena (f) | антэна (ж) | [an'tɛna] |

vigia (f)	ілюмінатар (м)	[ilᵾmi'natar]
bateria (f) solar	сонечная батарэя (ж)	['sɔnetʃnaˡa bata'rɛˡa]
traje (m) espacial	скафандр (м)	[ska'fandr]

| imponderabilidade (f) | бязважкасць (ж) | [bʲaz'vaʃkastsʲ] |
| oxigênio (m) | кісларод (м) | [kisla'rɔt] |

| acoplagem (f) | стыкоўка (ж) | [stɨ'kɔwka] |
| fazer uma acoplagem | выконваць стыкоўку | [vɨ'kɔnvatsʲ stɨ'kɔwku] |

| observatório (m) | абсерваторыя (ж) | [apserva'tɔrɨˡa] |
| telescópio (m) | тэлескоп (м) | [tɛle'skɔp] |

| observar (vt) | назіраць | [nazi'ratsʲ] |
| explorar (vt) | даследаваць | [da'sledavatsʲ] |

75. A Terra

Terra (f)	Зямля (ж)	[zʲam'lʲa]
globo terrestre (Terra)	зямны шар (м)	[zʲam'nɨ 'ʃar]
planeta (m)	планета (ж)	[pla'neta]

atmosfera (f)	атмасфера (ж)	[atma'sfera]
geografia (f)	геаграфія (ж)	[hea'ɦrafiˡa]
natureza (f)	прырода (ж)	[pri'rɔda]

globo (mapa esférico)	глобус (м)	['ɦlɔbus]
mapa (m)	карта (ж)	['karta]
atlas (m)	атлас (м)	[at'las]

| Europa (f) | Еўропа | [ew'rɔpa] |
| Ásia (f) | Азія | ['aziˡa] |

| África (f) | Афрыка | ['afrika] |
| Austrália (f) | Аўстралія | [aw'straliˡa] |

América (f)	Амерыка	[a'merika]
América (f) do Norte	Паўночная Амерыка	[paw'nɔtʃnaˡa a'merika]
América (f) do Sul	Паўднёвая Амерыка	[paw'dnʲovaˡa a'merika]

| Antártida (f) | Антарктыда | [antark'tida] |
| Ártico (m) | Арктыка | ['arktika] |

76. Pontos cardeais

norte (m)	поўнач (ж)	['pɔwnatʃ]
para norte	на поўнач	[na 'pɔwnatʃ]
no norte	на поўначы	[na 'pɔwnatʃi]
do norte (adj)	паўночны	[paw'nɔtʃni]
sul (m)	поўдзень (м)	['pɔwdzenʲ]
para sul	на поўдзень	[na 'pɔwdzenʲ]
no sul	на поўдні	[na 'pɔwdni]
do sul (adj)	паўднёвы	[paw'dnʲɔvi]
oeste, ocidente (m)	захад (м)	['zahat]
para oeste	на захад	[na 'zahat]
no oeste	на захадзе	[na 'zahadze]
ocidental (adj)	заходні	[za'hɔdni]
leste, oriente (m)	усход (м)	[w'shɔt]
para leste	на ўсход	[na w'shɔt]
no leste	на ўсходзе	[na w'shɔdze]
oriental (adj)	усходні	[us'hɔdni]

77. Mar. Oceano

mar (m)	мора (н)	['mɔra]
oceano (m)	акіян (м)	[aki'ʲan]
golfo (m)	заліў (м)	[za'liw]
estreito (m)	праліў (м)	[pra'liw]
terra (f) firme	зямля, суша (ж)	[zʲam'lʲa], ['suʃa]
continente (m)	мацярык (м)	[matsʲa'rik]
ilha (f)	востраў (м)	['vɔstraw]
península (f)	паўвостраў (м)	[paw'vɔstraw]
arquipélago (m)	архіпелаг (м)	[arhipe'laɦ]
baía (f)	бухта (ж)	['buhta]
porto (f)	гавань (ж)	['ɦavanʲ]
lagoa (f)	лагуна (ж)	[la'ɦuna]
cabo (m)	мыс (м)	['mis]
atol (m)	атол (м)	[a'tɔl]
recife (m)	рыф (м)	['rif]
coral (m)	карал (м)	[ka'ral]
recife (m) de coral	каралавы рыф (м)	[ka'ralavi 'rif]
profundo (adj)	глыбокі	[ɦli'bɔki]
profundidade (f)	глыбіня (ж)	[ɦlibi'nʲa]
abismo (m)	бездань (ж)	['bezdanʲ]
fossa (f) oceânica	упадзіна (ж)	[u'padzina]
corrente (f)	плынь (ж)	['plinʲ]
banhar (vt)	абмываць	[abmi'vatsʲ]
litoral (m)	бераг (м)	['beraɦ]

costa (f)	узбярэжжа (н)	[uzbʲaˈrɛʐa]
maré (f) alta	прылiў (м)	[priˈliw]
refluxo (m)	адлiў (м)	[adˈliw]
restinga (f)	водмель (ж)	[ˈvɔdmelʲ]
fundo (m)	дно (н)	[ˈdnɔ]

onda (f)	хваля (ж)	[ˈhvalʲa]
crista (f) da onda	грэбень (м) хвалi	[ɦrɛbenʲ ˈhvali]
espuma (f)	пена (ж)	[ˈpena]

tempestade (f)	бура (ж)	[ˈbura]
furacão (m)	ураган (м)	[uraˈɦan]
tsunami (m)	цунамi (н)	[ʦuˈnami]
calmaria (f)	штыль (м)	[ˈʃtilʲ]
calmo (adj)	спакойны	[spaˈkɔjni]

polo (m)	полюс (м)	[ˈpɔlʉs]
polar (adj)	палярны	[paˈlʲarni]

latitude (f)	шырата (ж)	[ʃiraˈta]
longitude (f)	даўгата (ж)	[dawɦaˈta]
paralela (f)	паралель (ж)	[paraˈlelʲ]
equador (m)	экватар (м)	[ɛkˈvatar]

céu (m)	неба (н)	[ˈneba]
horizonte (m)	гарызонт (м)	[ɦariˈzont]
ar (m)	паветра (н)	[paˈvetra]

farol (m)	маяк (м)	[maˈʲak]
mergulhar (vi)	ныраць	[niˈraʦʲ]
afundar-se (vr)	затануць	[zataˈnuʦʲ]
tesouros (m pl)	скарбы (м мн)	[ˈskarbi]

78. Nomes de Mares e Oceanos

Oceano (m) Atlântico	Атлантычны акiян (м)	[atlanˈtiʧni akiˈʲan]
Oceano (m) Índico	Iндыйскi акiян (м)	[inˈdijski akiˈʲan]
Oceano (m) Pacífico	Цiхi акiян (м)	[ˈʦihi akiˈʲan]
Oceano (m) Ártico	Паўночны Ледавiты акiян (м)	[pawˈnɔʧni ledaˈwiti akiˈʲan]

Mar (m) Negro	Чорнае мора (н)	[ˈʧɔrnae ˈmɔra]
Mar (m) Vermelho	Чырвонае мора (н)	[ʧirˈvɔnae ˈmɔra]
Mar (m) Amarelo	Жоўтае мора (н)	[ˈʐɔwtae ˈmɔra]
Mar (m) Branco	Белае мора (н)	[ˈbelae ˈmɔra]

Mar (m) Cáspio	Каспiйскае мора (н)	[kasˈpijskae ˈmɔra]
Mar (m) Morto	Мёртвае мора (н)	[ˈmʲortvae ˈmɔra]
Mar (m) Mediterrâneo	Мiжземнае мора (н)	[miʒˈzemnae ˈmɔra]

Mar (m) Egeu	Эгейскае мора (н)	[ɛˈɦejskae ˈmɔra]
Mar (m) Adriático	Адрыятычнае мора (н)	[adriʲaˈtiʧnae ˈmɔra]
Mar (m) Arábico	Аравiйскае мора (н)	[araˈvijskae ˈmɔra]
Mar (m) do Japão	Японскае мора (н)	[ʲaˈpɔnskae ˈmɔra]

Mar (m) de Bering	Берынгава мора (н)	['berinɦava 'mɔra]
Mar (m) da China Meridional	Паўднёва-Кітайскае мора (н)	[paw'dnʲova ki'tajskae 'mɔra]
Mar (m) de Coral	Каралавае мора (н)	[ka'ralavae 'mɔra]
Mar (m) de Tasman	Тасманава мора (н)	[tas'manava 'mɔra]
Mar (m) do Caribe	Карыбскае мора (н)	[ka'ripskae 'mɔra]
Mar (m) de Barents	Баранцава мора (н)	['barantsava 'mɔra]
Mar (m) de Kara	Карскае мора (н)	['karskae 'mɔra]
Mar (m) do Norte	Паўночнае мора (н)	[paw'nɔtʃnae 'mɔra]
Mar (m) Báltico	Балтыйскае мора (н)	[bal'tijskae 'mɔra]
Mar (m) da Noruega	Нарвежскае мора (н)	[nar'veʃskae 'mɔra]

79. Montanhas

montanha (f)	гара (ж)	[ɦa'ra]
cordilheira (f)	горны ланцуг (м)	['ɦɔrnɨ lan'tsuɦ]
serra (f)	горны хрыбет (м)	['ɦɔrnɨ hrɨ'bet]
cume (m)	вяршыня (ж)	[vʲar'ʃɨnʲa]
pico (m)	пік (м)	['pik]
pé (m)	падножжа (н)	[pad'nɔʐa]
declive (m)	схіл (м)	['shil]
vulcão (m)	вулкан (м)	[vul'kan]
vulcão (m) ativo	дзеючы вулкан (м)	['dzeutʃi vul'kan]
vulcão (m) extinto	патухлы вулкан (м)	[pa'tuhlɨ vul'kan]
erupção (f)	вывяржэнне (н)	[vivʲar'ʒɛnne]
cratera (f)	кратэр (м)	['kratɛr]
magma (m)	магма (ж)	['maɦma]
lava (f)	лава (ж)	['lava]
fundido (lava ~a)	распалены	[ras'palenɨ]
cânion, desfiladeiro (m)	каньён (м)	[ka'njɔn]
garganta (f)	цясніна (ж)	[tsʲas'nina]
fenda (f)	цясніна (ж)	[tsʲas'nina]
precipício (m)	прорва (ж), абрыў (м)	['prorva], [ab'rɨw]
passo, colo (m)	перавал (м)	[pera'val]
planalto (m)	плато (н)	[pla'tɔ]
falésia (f)	скала (ж)	[ska'la]
colina (f)	узгорак (м)	[uz'ɦɔrak]
geleira (f)	ледавік (м)	[leda'vik]
cachoeira (f)	вадаспад (м)	[vada'spat]
gêiser (m)	гейзер (м)	['ɦejzer]
lago (m)	возера (н)	['vɔzera]
planície (f)	раўніна (ж)	[raw'nina]
paisagem (f)	краявід (м)	[kraʲa'vit]
eco (m)	рэха (н)	['rɛha]

alpinista (m)	альпініст (м)	[al'pi'nist]
escalador (m)	скалалаз (м)	[skala'las]
conquistar (vt)	авалодваць	[ava'lɔdvatsʲ]
subida, escalada (f)	узыходжанне (н)	[uzi'hɔdʒanne]

80. Nomes de montanhas

Alpes (m pl)	Альпы (мн)	['alʲpi]
Monte Branco (m)	Манблан (м)	[man'blan]
Pirineus (m pl)	Пірэнеі (мн)	[pirɛ'nei]

Cárpatos (m pl)	Карпаты (мн)	[kar'pati]
Urais (m pl)	Уральскія горы (мн)	[u'ralʲskiʲa 'ɦɔri]
Cáucaso (m)	Каўказ (м)	[kaw'kas]
Elbrus (m)	Эльбрус (м)	[ɛlʲ'brus]

Altai (m)	Алтай (м)	[al'taj]
Tian Shan (m)	Цянь-Шань (м)	[tsʲanj'ʃanʲ]
Pamir (m)	Памір (м)	[pa'mir]
Himalaia (m)	Гімалаі (мн)	[ɦima'lai]
monte Everest (m)	Эверэст (м)	[ɛve'rɛst]

| Cordilheira (f) dos Andes | Анды (мн) | ['andi] |
| Kilimanjaro (m) | Кіліманджара (н) | [kiliman'dʒara] |

81. Rios

rio (m)	рака (ж)	[ra'ka]
fonte, nascente (f)	крыніца (ж)	[kri'nitsa]
leito (m) de rio	рэчышча (н)	['rɛtʃiʃɕa]
bacia (f)	басейн (м)	[ba'sejn]
desaguar no ...	упадаць у ...	[upa'datsʲ u ...]

| afluente (m) | прыток (м) | [pri'tɔk] |
| margem (do rio) | бераг (м) | ['beraɦ] |

corrente (f)	плынь (ж)	['plinʲ]
rio abaixo	уніз па цячэнню	[u'nis pa tsʲa'tʃɛnnʉ]
rio acima	уверх па цячэнню	[u'vɛrh pa tsʲa'tʃɛnnʉ]

inundação (f)	паводка (ж)	[pa'vɔtka]
cheia (f)	разводдзе (н)	[raz'vɔdze]
transbordar (vi)	разлівацца	[razʲli'vatsa]
inundar (vt)	затапляць	[zata'plʲatsʲ]

| banco (m) de areia | мель (ж) | ['melʲ] |
| corredeira (f) | парог (м) | [pa'rɔɦ] |

barragem (f)	плаціна (ж)	[pla'tsina]
canal (m)	канал (м)	[ka'nal]
reservatório (m) de água	вадасховішча (н)	[vadas'hɔviʃɕa]
eclusa (f)	шлюз (м)	['ʃlʉs]

corpo (m) de água	вадаём (м)	[vada'ʲom]
pântano (m)	балота (н)	[ba'lɔta]
lamaçal (m)	багна (ж)	['baɦna]
redemoinho (m)	вір (м)	['vir]
riacho (m)	ручай (м)	[ru'tʃaj]
potável (adj)	пітны	[pit'nɨ]
doce (água)	прэсны	['prɛsnɨ]
gelo (m)	лёд (м)	['lʲot]
congelar-se (vr)	замерзнуць	[za'merznutsʲ]

82. Nomes de rios

rio Sena (m)	Сена (ж)	['sena]
rio Loire (m)	Луара (ж)	[lu'ara]
rio Tâmisa (m)	Тэмза (ж)	['tɛmza]
rio Reno (m)	Рэйн (м)	['rɛjn]
rio Danúbio (m)	Дунай (м)	[du'naj]
rio Volga (m)	Волга (ж)	['vɔlɦa]
rio Don (m)	Дон (м)	['dɔn]
rio Lena (m)	Лена (ж)	['lena]
rio Amarelo (m)	Хуанхэ (н)	[huan'hɛ]
rio Yangtzé (m)	Янцзы (н)	[ʲan'dzɨ]
rio Mekong (m)	Меконг (м)	[me'kɔnɦ]
rio Ganges (m)	Ганг (м)	['ɦanɦ]
rio Nilo (m)	Ніл (м)	['nil]
rio Congo (m)	Конга (н)	['kɔnɦa]
rio Cubango (m)	Акаванга (ж)	[aka'vanɦa]
rio Zambeze (m)	Замбезі (ж)	[zam'bezi]
rio Limpopo (m)	Лімпапо (ж)	[limpa'pɔ]
rio Mississippi (m)	Місісіпі (ж)	[misi'sipi]

83. Floresta

floresta (f), bosque (m)	лес (м)	['les]
florestal (adj)	лясны	[lʲas'nɨ]
mata (f) fechada	гушчар (м)	[hu'ʃçar]
arvoredo (m)	гай (м)	['ɦaj]
clareira (f)	паляна (ж)	[pa'lʲana]
matagal (m)	зараснікі (м мн)	['zarasniki]
mato (m), caatinga (f)	хмызняк (м)	[hmɨz'nʲak]
pequena trilha (f)	сцяжынка (ж)	[stsʲa'ʒɨnka]
ravina (f)	яр (м)	[ʲar]
árvore (f)	дрэва (н)	['drɛva]

| folha (f) | ліст (м) | ['list] |
| folhagem (f) | лістота (ж) | [lis'tota] |

queda (f) das folhas	лістапад (м)	[lista'pat]
cair (vi)	ападаць	[apa'datsʲ]
topo (m)	верхавіна (ж)	[verha'vina]

ramo (m)	галіна (ж)	[ɦali'na]
galho (m)	сук (м)	['suk]
botão (m)	пупышка (ж)	[pu'piʃka]
agulha (f)	шыпулька (ж)	[ʃiˈpulʲka]
pinha (f)	шышка (ж)	['ʃiʃka]

buraco (m) de árvore	дупло (н)	[dup'lɔ]
ninho (m)	гняздо (н)	[ɦnʲaz'dɔ]
toca (f)	нара (ж)	[na'ra]

tronco (m)	ствол (м)	['stvɔl]
raiz (f)	корань (м)	['kɔranʲ]
casca (f) de árvore	кара (ж)	[ka'ra]
musgo (m)	мох (м)	['mɔh]

arrancar pela raiz	карчаваць	[kartʃa'vatsʲ]
cortar (vt)	сячы	[sʲa'tʃi]
desflorestar (vt)	высякаць	[visʲa'katsʲ]
toco, cepo (m)	пень (м)	['penʲ]

fogueira (f)	вогнішча (н)	['vɔɦniʃca]
incêndio (m) florestal	пажар (м)	[pa'ʒar]
apagar (vt)	тушыць	[tu'ʃitsʲ]

guarda-parque (m)	ляснік (м)	[lʲas'nik]
proteção (f)	ахова (ж)	[a'hɔva]
proteger (a natureza)	ахоўваць	[a'hɔwvatsʲ]
caçador (m) furtivo	браканьер (м)	[braka'njer]
armadilha (f)	пастка (ж)	['pastka]

| colher (cogumelos, bagas) | збіраць | [zʲbi'ratsʲ] |
| perder-se (vr) | заблудзіць | [zablu'dzitsʲ] |

84. Recursos naturais

recursos (m pl) naturais	прыродныя рэсурсы (м мн)	[pri'rɔdnʲʲa rɛ'sursi]
minerais (m pl)	карысныя выкапні (м мн)	[ka'risnʲʲa 'vikapni]
depósitos (m pl)	паклады (м мн)	[pa'kladi]
jazida (f)	радовішча (н)	[ra'dɔviʃca]

extrair (vt)	здабываць	[zdabi'vatsʲ]
extração (f)	здабыча (ж)	[zda'bitʃa]
minério (m)	руда (ж)	[ru'da]
mina (f)	руднік (м)	[rud'nik]
poço (m) de mina	шахта (ж)	['ʃahta]
mineiro (m)	шахцёр (м)	[ʃah'tsʲor]
gás (m)	газ (м)	['ɦas]

gasoduto (m)	газаправод (м)	[ɦazapra'vɔt]
petróleo (m)	нафта (ж)	['nafta]
oleoduto (m)	нафтаправод (м)	[naftapra'vɔt]
poço (m) de petróleo	нафтавая вышка (ж)	['naftavaˈa 'viʃka]
torre (f) petrolífera	буравая вышка (ж)	[bura'vaˈa 'viʃka]
petroleiro (m)	танкер (м)	['tanker]

areia (f)	пясок (м)	[pˈa'sɔk]
calcário (m)	вапняк (м)	[vap'nˈak]
cascalho (m)	жвір (м)	['ʒvir]
turfa (f)	торф (м)	['tɔrf]
argila (f)	гліна (ж)	['ɦlina]
carvão (m)	вугаль (м)	['vuɦalʲ]

ferro (m)	жалеза (н)	[ʒa'leza]
ouro (m)	золата (н)	['zɔlata]
prata (f)	срэбра (н)	['srɛbra]
níquel (m)	нікель (м)	['nikelʲ]
cobre (m)	медзь (ж)	['metsʲ]

zinco (m)	цынк (м)	['tsink]
manganês (m)	марганец (м)	['marɦanets]
mercúrio (m)	ртуць (ж)	['rtutsʲ]
chumbo (m)	свінец (м)	[svi'nets]

mineral (m)	мінерал (м)	[mine'ral]
cristal (m)	крышталь (м)	[kriʃ'talʲ]
mármore (m)	мармур (м)	['marmur]
urânio (m)	уран (м)	[u'ran]

85. Tempo

tempo (m)	надвор'е (н)	[na'dvɔrʲe]
previsão (f) do tempo	прагноз (м) надвор'я	[praɦ'nɔs nad'vɔrʲa]
temperatura (f)	тэмпература (ж)	[tɛmpera'tura]
termômetro (m)	тэрмометр (м)	[tɛr'mɔmetr]
barômetro (m)	барометр (м)	[ba'rɔmetr]

úmido (adj)	вільготны	[vilʲ'ɦɔtni]
umidade (f)	вільготнасць (ж)	[vilʲ'ɦɔtnastsʲ]
calor (m)	гарачыня (ж)	[ɦaratʃi'nˈa]
tórrido (adj)	гарачы	[ɦa'ratʃi]
está muito calor	горача	['ɦɔratʃa]

| está calor | цёпла | ['tsʲɔpla] |
| quente (morno) | цёплы | ['tsʲɔpli] |

| está frio | холадна | ['ɦɔladna] |
| frio (adj) | халодны | [ɦa'lɔdni] |

sol (m)	сонца (н)	['sɔntsa]
brilhar (vi)	свяціць	[svˈa'tsitsʲ]
de sol, ensolarado	сонечны	['sɔnetʃni]
nascer (vi)	узысці	[uzis'tsi]

pôr-se (vr)	сесці	['sesʲtsi]
nuvem (f)	воблака (н)	['vɔblaka]
nublado (adj)	воблачны	['vɔblatʃnʲi]
nuvem (f) preta	хмара (ж)	['hmara]
escuro, cinzento (adj)	пахмурны	[pah'murnʲi]

chuva (f)	дождж (м)	['dɔʃɕ]
está a chover	ідзе дождж	[i'dze 'dɔʃɕ]
chuvoso (adj)	дажджлівы	[daʒdʒ'livi]
chuviscar (vi)	імжыць	[im'ʒitsʲ]

chuva (f) torrencial	праліўны дождж (м)	[praliw'nɨ 'dɔʃɕ]
aguaceiro (m)	лівень (м)	['livenʲ]
forte (chuva, etc.)	моцны	['mɔtsnɨ]
poça (f)	лужына (ж)	['luʒina]
molhar-se (vr)	мокнуць	['mɔknutsʲ]

nevoeiro (m)	туман (м)	[tu'man]
de nevoeiro	туманны	[tu'mannɨ]
neve (f)	снег (м)	['snɛɦ]
está nevando	ідзе снег	[i'dze 'snɛɦ]

86. Tempo extremo. Catástrofes naturais

trovoada (f)	навальніца (ж)	[navalʲʲnitsa]
relâmpago (m)	маланка (ж)	[ma'lanka]
relampejar (vi)	бліскаць	['bliskatsʲ]

trovão (m)	гром (м)	['ɦrɔm]
trovejar (vi)	грымець	[ɦri'mɛtsʲ]
está trovejando	грыміць гром	[ɦri'mitsʲ 'ɦrɔm]

| granizo (m) | град (м) | ['ɦrat] |
| está caindo granizo | ідзе град | [i'dze 'ɦrat] |

| inundar (vt) | затапіць | [zata'pitsʲ] |
| inundação (f) | паводка (ж) | [pa'vɔtka] |

terremoto (m)	землятрус (м)	[zemlʲa'trus]
abalo, tremor (m)	штуршок (м)	[ʃtur'ʃɔk]
epicentro (m)	эпіцэнтр (м)	[ɛpi'tsɛntr]

| erupção (f) | вывяржэнне (н) | [vivʲar'ʒɛnne] |
| lava (f) | лава (ж) | ['lava] |

tornado (m)	смерч (м)	['smɛrtʃ]
tornado (m)	тарнада (м)	[tar'nada]
tufão (m)	тайфун (м)	[taj'fun]

furacão (m)	ураган (м)	[ura'ɦan]
tempestade (f)	бура (ж)	['bura]
tsunami (m)	цунамі (н)	[tsu'nami]
ciclone (m)	цыклон (м)	[tsik'lɔn]
mau tempo (m)	непагадзь (ж)	['nepaɦatsʲ]

incêndio (m)	пажар (м)	[pa'ʒar]
catástrofe (f)	катастрофа (ж)	[kata'strɔfa]
meteorito (m)	метэарыт (м)	[metɛa'rit]
avalanche (f)	лавіна (ж)	[la'vina]
deslizamento (m) de neve	абвал (м)	[ab'val]
nevasca (f)	мяцеліца (ж)	[mʲa'ʦelitsa]
tempestade (f) de neve	завіруха (ж)	[zavi'ruha]

FAUNA

87. Mamíferos. Predadores

predador (m)	драпежнік (м)	[dra'peʒnik]
tigre (m)	тыгр (м)	['tiɦr]
leão (m)	леў (м)	['lew]
lobo (m)	воўк (м)	['vɔwk]
raposa (f)	ліса (ж)	['lisa]
jaguar (m)	ягуар (м)	[ʲaɦu'ar]
leopardo (m)	леапард (м)	[lea'part]
chita (f)	гепард (м)	[ɦe'part]
pantera (f)	пантэра (ж)	[pan'tɛra]
puma (m)	пума (ж)	['puma]
leopardo-das-neves (m)	снежны барс (м)	['sneʒnɨ 'bars]
lince (m)	рысь (ж)	['risʲ]
coiote (m)	каёт (м)	[ka'ʲot]
chacal (m)	шакал (м)	[ʃa'kal]
hiena (f)	гіена (ж)	[ɦi'ena]

88. Animais selvagens

animal (m)	жывёліна (ж)	[ʒɨ'vʲolina]
besta (f)	звер (м)	['zʲver]
esquilo (m)	вавёрка (ж)	[va'vʲorka]
ouriço (m)	вожык (м)	['vɔʒɨk]
lebre (f)	заяц (м)	['zaʲats]
coelho (m)	трус (м)	['truʒ]
texugo (m)	барсук (м)	[bar'suk]
guaxinim (m)	янот (м)	[ʲa'not]
hamster (m)	хамяк (м)	[ha'mʲak]
marmota (f)	сурок (м)	[su'rɔk]
toupeira (f)	крот (м)	['krɔt]
rato (m)	мыш (ж)	['mɨʃ]
ratazana (f)	пацук (м)	[pa'tsuk]
morcego (m)	кажан (м)	[ka'ʒan]
arminho (m)	гарнастай (м)	[ɦarna'staj]
zibelina (f)	собаль (м)	['sɔbalʲ]
marta (f)	куніца (ж)	[ku'nitsa]
doninha (f)	ласка (ж)	['laska]
visom (m)	норка (ж)	['nɔrka]

| castor (m) | бабёр (м) | [ba'bʲor] |
| lontra (f) | выдра (ж) | ['vɨdra] |

cavalo (m)	конь (м)	['konʲ]
alce (m)	лось (м)	['losʲ]
veado (m)	алень (м)	[a'lenʲ]
camelo (m)	вярблюд (м)	[vʲar'blut]

bisão (m)	бізон (м)	[bi'zon]
auroque (m)	зубр (м)	['zubr]
búfalo (m)	буйвал (м)	['bujval]

zebra (f)	зебра (ж)	['zebra]
antílope (m)	антылопа (ж)	[anti'lopa]
corça (f)	казуля (ж)	[ka'zulʲa]
gamo (m)	лань (ж)	['lanʲ]
camurça (f)	сарна (ж)	['sarna]
javali (m)	дзік (м)	['dzik]

baleia (f)	кіт (м)	['kit]
foca (f)	цюлень (м)	[tsʉ'lenʲ]
morsa (f)	морж (м)	['morʃ]
urso-marinho (m)	коцік (м)	['kotsik]
golfinho (m)	дэльфін (м)	[dɛlʲ'fin]

urso (m)	мядзведзь (м)	[mʲadz'vedzʲ]
urso (m) polar	белы мядзведзь (м)	['beli mʲadz'vedzʲ]
panda (m)	панда (ж)	['panda]

macaco (m)	малпа (ж)	['malpa]
chimpanzé (m)	шымпанзэ (м)	[ʃimpan'zɛ]
orangotango (m)	арангутанг (м)	[aranɦu'tanɦ]
gorila (m)	гарыла (ж)	[ɦa'rɨla]
macaco (m)	макака (ж)	[ma'kaka]
gibão (m)	гібон (м)	[ɦi'bon]

elefante (m)	слон (м)	['slon]
rinoceronte (m)	насарог (м)	[nasa'roɦ]
girafa (f)	жырафа (ж)	[ʒɨ'rafa]
hipopótamo (m)	бегемот (м)	[beɦe'mot]

| canguru (m) | кенгуру (м) | [kenɦu'ru] |
| coala (m) | каала (ж) | [ka'ala] |

mangusto (m)	мангуст (м)	[man'ɦust]
chinchila (f)	шыншыла (ж)	[ʃin'ʃila]
cangambá (f)	скунс (м)	['skuns]
porco-espinho (m)	дзікабраз (м)	[dzikab'ras]

89. Animais domésticos

gata (f)	кошка (ж)	['koʃka]
gato (m) macho	кот (м)	['kot]
cão (m)	сабака (м)	[sa'baka]

cavalo (m)	конь (м)	['konʲ]
garanhão (m)	жарабец (м)	[ʒara'bets]
égua (f)	кабыла (ж)	[ka'bɨla]

vaca (f)	карова (ж)	[ka'rɔva]
touro (m)	бык (м)	['bɨk]
boi (m)	вол (м)	['vɔl]

ovelha (f)	авечка (ж)	[a'vetʃka]
carneiro (m)	баран (м)	[ba'ran]
cabra (f)	каза (ж)	[ka'za]
bode (m)	казёл (м)	[ka'zʲol]

| burro (m) | асёл (м) | [a'sʲol] |
| mula (f) | мул (м) | ['mul] |

porco (m)	свіння (ж)	[svi'nnʲa]
leitão (m)	парася (н)	[para'sʲa]
coelho (m)	трус (м)	['trus]

| galinha (f) | курыца (ж) | ['kuritsa] |
| galo (m) | певень (м) | ['pevenʲ] |

pata (f), pato (m)	качка (ж)	['katʃka]
pato (m)	качар (м)	['katʃar]
ganso (m)	гусь (ж)	['ɦusʲ]

| peru (m) | індык (м) | [in'dɨk] |
| perua (f) | індычка (ж) | [in'dɨtʃka] |

animais (m pl) domésticos	свойская жывёла (ж)	[svɔjskaʲa ʒɨ'vʲola]
domesticado (adj)	ручны	[rutʃ'ni]
domesticar (vt)	прыручаць	[priru'tʃatsʲ]
criar (vt)	выгадоўваць	[viɦa'dɔwvatsʲ]

fazenda (f)	ферма (ж)	['ferma]
aves (f pl) domésticas	свойская птушка (ж)	['svɔjskaʲa 'ptuʃka]
gado (m)	жывёла (ж)	[ʒɨ'vʲola]
rebanho (m), manada (f)	статак (м)	['statak]

estábulo (m)	стайня (ж)	['stajnʲa]
chiqueiro (m)	свінарнік (м)	[svi'narnik]
estábulo (m)	кароўнік (м)	[ka'rɔwnik]
coelheira (f)	трусятнік (м)	[tru'sʲatnik]
galinheiro (m)	куратнік (м)	[ku'ratnik]

90. Pássaros

pássaro (m), ave (f)	птушка (ж)	['ptuʃka]
pombo (m)	голуб (м)	['ɦɔlup]
pardal (m)	верабей (м)	[vera'bej]
chapim-real (m)	сініца (ж)	[si'nitsa]
pega-rabuda (f)	сарока (ж)	[sa'rɔka]
corvo (m)	крумкач (м)	[krum'katʃ]

gralha-cinzenta (f)	варона (ж)	[va'rɔna]
gralha-de-nuca-cinzenta (f)	галка (ж)	['ɦalka]
gralha-calva (f)	грак (м)	['ɦrak]

pato (m)	качка (ж)	['katʃka]
ganso (m)	гусь (ж)	['ɦusʲ]
faisão (m)	фазан (м)	[fa'zan]

águia (f)	арол (м)	[a'rɔl]
açor (m)	ястраб (м)	['ʲastrap]
falcão (m)	сокал (м)	['sɔkal]
abutre (m)	грыф (м)	['ɦrif]
condor (m)	кондар (м)	['kɔndar]

cisne (m)	лебедзь (м)	['lebetsʲ]
grou (m)	журавель (м)	[ʒura'velʲ]
cegonha (f)	бусел (м)	['busel]

papagaio (m)	папугай (м)	[papu'ɦaj]
beija-flor (m)	калібры (м)	[ka'librɨ]
pavão (m)	паўлін (м)	[paw'lin]

avestruz (m)	страус (м)	['straus]
garça (f)	чапля (ж)	['tʃaplʲa]
flamingo (m)	фламінга (м)	[fla'minɦa]
pelicano (m)	пелікан (м)	[peli'kan]

rouxinol (m)	салавей (м)	[sala'vej]
andorinha (f)	ластаўка (ж)	['lastawka]

tordo-zornal (m)	дрозд (м)	['drɔst]
tordo-músico (m)	пеўчы дрозд (м)	['pewtʃɨ 'drɔst]
melro-preto (m)	чорны дрозд (м)	['tʃɔrnɨ 'drɔst]

andorinhão (m)	стрыж (м)	['strɨʃ]
cotovia (f)	жаваранак (м)	['ʒavaranak]
codorna (f)	перапёлка (ж)	[pera'pʲolka]

pica-pau (m)	дзяцел (м)	['dzʲatsel]
cuco (m)	зязюля (ж)	[zʲa'zʉlʲa]
coruja (f)	сава (ж)	[sa'va]
bufo-real (m)	пугач (м)	[pu'ɦatʃ]
tetraz-grande (m)	глушэц (м)	[ɦlu'ʃɛts]
tetraz-lira (m)	цецярук (м)	[tsetsʲa'ruk]
perdiz-cinzenta (f)	курапатка (ж)	[kura'patka]

estorninho (m)	шпак (м)	['ʃpak]
canário (m)	канарэйка (ж)	[kana'rɛjka]
galinha-do-mato (f)	рабчык (м)	['raptʃɨk]

tentilhão (m)	зяблік (м)	['zʲablik]
dom-fafe (m)	гіль (м)	['ɦilʲ]

gaivota (f)	чайка (ж)	['tʃajka]
albatroz (m)	альбатрос (м)	[alʲbat'rɔs]
pinguim (m)	пінгвін (м)	[pinɦ'vin]

91. Peixes. Animais marinhos

brema (f)	лешч (м)	['leʃʦ]
carpa (f)	карп (м)	['karp]
perca (f)	акунь (м)	[a'kunʲ]
siluro (m)	сом (м)	['sɔm]
lúcio (m)	шчупак (м)	[ʃʦu'pak]
salmão (m)	ласось (м)	[la'sɔsʲ]
esturjão (m)	асетр (м)	[a'setr]
arenque (m)	селядзец (м)	[selʲa'dzeʦ]
salmão (m) do Atlântico	сёмга (ж)	['sʲomɦa]
cavala, sarda (f)	скумбрыя (ж)	['skumbrʲʲa]
solha (f), linguado (m)	камбала (ж)	['kambala]
lúcio perca (m)	судак (м)	[su'dak]
bacalhau (m)	траска (ж)	[tras'ka]
atum (m)	тунец (м)	[tu'neʦ]
truta (f)	стронга (ж)	['strɔnɦa]
enguia (f)	вугор (м)	[vu'ɦɔr]
raia (f) elétrica	электрычны скат (м)	[ɛlekt'ritʃnɨ 'skat]
moreia (f)	мурэна (ж)	[mu'rɛna]
piranha (f)	піранння (ж)	[pi'rannʲa]
tubarão (m)	акула (ж)	[a'kula]
golfinho (m)	дэльфін (м)	[dɛlʲ'fin]
baleia (f)	кіт (м)	['kit]
caranguejo (m)	краб (м)	['krap]
água-viva (f)	медуза (ж)	[me'duza]
polvo (m)	васьміног (м)	[vasʲmi'nɔɦ]
estrela-do-mar (f)	марская зорка (ж)	[mar'skaʲa 'zɔrka]
ouriço-do-mar (m)	марскі вожык (м)	[mar'ski 'vɔʒɨk]
cavalo-marinho (m)	марскі конік (м)	[mar'ski 'kɔnik]
ostra (f)	вустрыца (ж)	['vustrɨʦa]
camarão (m)	крэветка (ж)	[krɛ'vetka]
lagosta (f)	амар (м)	[a'mar]
lagosta (f)	лангуст (м)	[lan'ɦust]

92. Anfíbios. Répteis

cobra (f)	змяя (ж)	[zmæ'ʲa]
venenoso (adj)	ядавіты	[ʲada'vitɨ]
víbora (f)	гадзюка (ж)	[ɦa'dzɨka]
naja (f)	кобра (ж)	['kɔbra]
píton (m)	пітон (м)	[pi'tɔn]
jiboia (f)	удаў (м)	[u'daw]
cobra-de-água (f)	вуж (м)	['vuʃ]

cascavel (f)	грымучая змяя (ж)	[ɦri'mutʃaʲa zmæ'ʲa]
anaconda (f)	анаконда (ж)	[ana'kɔnda]

lagarto (m)	яшчарка (ж)	['ʲaʃɕarka]
iguana (f)	ігуана (ж)	[iɦu'ana]
varano (m)	варан (м)	[va'ran]
salamandra (f)	саламандра (ж)	[sala'mandra]
camaleão (m)	хамелеон (м)	[hamele'ɔn]
escorpião (m)	скарпіён (м)	[skarpi'ʲon]

tartaruga (f)	чарапаха (ж)	[tʃara'paha]
rã (f)	жаба (ж)	['ʒaba]
sapo (m)	рапуха (ж)	[ra'puha]
crocodilo (m)	кракадзіл (м)	[kraka'dʑil]

93. Insetos

inseto (m)	насякомае (н)	[nasʲa'kɔmae]
borboleta (f)	матылёк (м)	[mati'ʲlʲok]
formiga (f)	мурашка (ж)	[mu'raʃka]
mosca (f)	муха (ж)	['muha]
mosquito (m)	камар (м)	[ka'mar]
escaravelho (m)	жук (м)	['ʒuk]

vespa (f)	аса (ж)	[a'sa]
abelha (f)	пчала (ж)	[ptʃa'la]
mamangaba (f)	чмель (м)	['tʃmelʲ]
moscardo (m)	авадзень (м)	[ava'dzenʲ]

aranha (f)	павук (м)	[pa'vuk]
teia (f) de aranha	павуціна (ж)	[pavu'tsina]

libélula (f)	страказа (ж)	[straka'za]
gafanhoto (m)	конік (м)	['kɔnik]
traça (f)	матыль (м)	[ma'tilʲ]

barata (f)	таракан (м)	[tara'kan]
carrapato (m)	клешч (м)	['kleʃɕ]
pulga (f)	блыха (ж)	[bli'ha]
borrachudo (m)	мошка (ж)	['mɔʃka]

gafanhoto (m)	саранча (ж)	[saran'tʃa]
caracol (m)	сліmak (м)	[sli'mak]
grilo (m)	цвыркун (м)	[tsvir'kun]
pirilampo, vaga-lume (m)	светлячок (м)	[svetlʲa'tʃɔk]
joaninha (f)	божая кароўка (ж)	[bɔʒaʲa ka'rɔwka]
besouro (m)	хрушч (м)	['hruʃɕ]

sanguessuga (f)	п'яўка (ж)	['pʲʲawka]
lagarta (f)	вусень (м)	['vusenʲ]
minhoca (f)	чарвяк (м)	[tʃar'vʲak]
larva (f)	чарвяк (м)	[tʃar'vʲak]

FLORA

94. Árvores

árvore (f)	дрэва (н)	['drɛva]
decídua (adj)	ліставое	[lista'vɔe]
conífera (adj)	хвойнае	['hvɔjnae]
perene (adj)	вечназялёнае	[vetʃnaziaˈlʲonae]
macieira (f)	яблыня (ж)	[ˈiablinʲa]
pereira (f)	груша (ж)	[ˈhruʃa]
cerejeira (f)	чарэшня (ж)	[tʃaˈrɛʃnʲa]
ginjeira (f)	вішня (ж)	[ˈviʃnʲa]
ameixeira (f)	сліва (ж)	[ˈsliva]
bétula (f)	бяроза (ж)	[bʲaˈrɔza]
carvalho (m)	дуб (м)	[ˈdup]
tília (f)	ліпа (ж)	[ˈlipa]
choupo-tremedor (m)	асіна (ж)	[aˈsina]
bordo (m)	клён (м)	[ˈklʲon]
espruce (m)	елка (ж)	[ˈelka]
pinheiro (m)	сасна (ж)	[sasˈna]
alerce, lariço (m)	лістоўніца (ж)	[lisˈtownitsa]
abeto (m)	піхта (ж)	[ˈpihta]
cedro (m)	кедр (м)	[ˈkedr]
choupo, álamo (m)	таполя (ж)	[taˈpolʲa]
tramazeira (f)	рабіна (ж)	[raˈbina]
salgueiro (m)	вярба (ж)	[vʲarˈba]
amieiro (m)	вольха (ж)	[ˈvolʲha]
faia (f)	бук (м)	[ˈbuk]
ulmeiro, olmo (m)	вяз (м)	[ˈvʲas]
freixo (m)	ясень (м)	[ˈiasenʲ]
castanheiro (m)	каштан (м)	[kaʃˈtan]
magnólia (f)	магнолія (ж)	[mahˈnɔliʲa]
palmeira (f)	пальма (ж)	[ˈpalʲma]
cipreste (m)	кіпарыс (м)	[kipaˈris]
mangue (m)	мангравае дрэва (н)	[ˈmanhravae ˈdrɛva]
embondeiro, baobá (m)	баабаб (м)	[baaˈbap]
eucalipto (m)	эўкаліпт (м)	[ɛwkaˈlipt]
sequoia (f)	секвоя (ж)	[sekˈvɔʲa]

95. Arbustos

arbusto (m)	куст (м)	[ˈkust]
arbusto (m), moita (f)	хмызняк (м)	[hmɨzˈnʲak]

| videira (f) | вінаград (м) | [vina'ɦrat] |
| vinhedo (m) | вінаграднік (м) | [vina'ɦradnik] |

framboeseira (f)	маліны (ж мн)	[ma'lini]
groselheira-negra (f)	чорная парэчка (ж)	['ʧornaʲa pa'rɛʧka]
groselheira-vermelha (f)	чырвоная парэчка (ж)	[ʧir'vonaʲa pa'rɛʧka]
groselheira (f) espinhosa	агрэст (м)	[aɦ'rɛst]

acácia (f)	акацыя (ж)	[a'katsʲʲa]
bérberis (f)	барбарыс (м)	[barba'ris]
jasmim (m)	язмін (м)	[ʲaz'min]

junípero (m)	ядловец (м)	[ʲad'lovets]
roseira (f)	ружавы куст (м)	['ruʒavɨ kust]
roseira (f) brava	шыпшына (ж)	[ʃip'ʃina]

96. Frutos. Bagas

fruta (f)	фрукт, плод (м)	['frukt], [plot]
frutas (f pl)	садавіна (ж)	[sada'vina]
maçã (f)	яблык (м)	['ʲablik]
pera (f)	груша (ж)	['ɦruʃa]
ameixa (f)	сліва (ж)	['sliva]

morango (m)	клубніцы (ж мн)	[klub'nitsɨ]
ginja (f)	вішня (ж)	['viʃnʲa]
cereja (f)	чарэшня (ж)	[ʧa'rɛʃnʲa]
uva (f)	вінаград (м)	[vina'ɦrat]

framboesa (f)	маліны (ж мн)	[ma'lini]
groselha (f) negra	чорныя парэчкі (ж мн)	['ʧornʲʲa pa'rɛʧki]
groselha (f) vermelha	чырвоныя парэчкі (ж мн)	[ʧir'vonʲʲa pa'rɛʧki]
groselha (f) espinhosa	агрэст (м)	[aɦ'rɛst]
oxicoco (m)	журавіны (ж мн)	[ʒura'vini]

laranja (f)	апельсін (м)	[apelʲ'sin]
tangerina (f)	мандарын (м)	[manda'rin]
abacaxi (m)	ананас (м)	[ana'nas]

| banana (f) | банан (м) | [ba'nan] |
| tâmara (f) | фінік (м) | ['finik] |

limão (m)	лімон (м)	[li'mɔn]
damasco (m)	абрыкос (м)	[abri'kɔs]
pêssego (m)	персік (м)	['persik]

| quiuí (m) | ківі (м) | ['kivi] |
| toranja (f) | грэйпфрут (м) | [ɦrɛjp'frut] |

baga (f)	ягада (ж)	['ʲaɦada]
bagas (f pl)	ягады (ж мн)	['ʲaɦadi]
arando (m) vermelho	брусніцы (ж мн)	[brus'nitsɨ]
morango-silvestre (m)	суніцы (ж мн)	[su'nitsɨ]
mirtilo (m)	чарніцы (ж мн)	[ʧar'nitsɨ]

97. Flores. Plantas

flor (f)	кветка (ж)	['kvetka]
buquê (m) de flores	букет (м)	[bu'ket]

rosa (f)	ружа (ж)	['ruʒa]
tulipa (f)	цюльпан (м)	[tsʉlʲ'pan]
cravo (m)	гваздзік (м)	[ɦvazʲ'dzik]
gladíolo (m)	гладыёлус (м)	[ɦladiʲʲolus]

centáurea (f)	валошка (ж)	[va'lɔʃka]
campainha (f)	званочак (м)	[zva'nɔtʃak]
dente-de-leão (m)	дзьмухавец (м)	[tsʲmuha'vets]
camomila (f)	рамонак (м)	[ra'mɔnak]

aloé (m)	альяс (м)	[a'lʲas]
cacto (m)	кактус (м)	['kaktus]
ficus (m)	фікус (м)	['fikus]

lírio (m)	лілея (ж)	[li'leʲa]
gerânio (m)	герань (ж)	[ɦe'ranʲ]
jacinto (m)	гіяцынт (м)	[ɦiʲa'tsint]

mimosa (f)	мімоза (ж)	[mi'mɔza]
narciso (m)	нарцыс (м)	[nar'tsɨs]
capuchinha (f)	настурка (ж)	[na'sturka]

orquídea (f)	архідэя (ж)	[arhi'dɛʲa]
peônia (f)	півоня (ж)	[pi'vɔnʲa]
violeta (f)	фіялка (ж)	[fiʲʲalka]

amor-perfeito (m)	браткі (мн)	['bratki]
não-me-esqueças (m)	незабудка (ж)	[neza'butka]
margarida (f)	маргарытка (ж)	[marɦa'ritka]

papoula (f)	мак (м)	['mak]
cânhamo (m)	каноплі (мн)	[ka'nɔpli]
hortelã, menta (f)	мята (ж)	['mʲata]

lírio-do-vale (m)	ландыш (м)	['landiʃ]
campânula-branca (f)	падснежнік (м)	[pat'sneʒnik]

urtiga (f)	крапіва (ж)	[krapi'va]
azedinha (f)	шчаўе (н)	['ʃɕawe]
nenúfar (m)	гарлачык (м)	[har'latʃik]
samambaia (f)	папараць (ж)	['paparatsʲ]
líquen (m)	лішайнік (м)	[li'ʃajnik]

estufa (f)	аранжарэя (ж)	[aranʒa'rɛʲa]
gramado (m)	газон (м)	[ɦa'zɔn]
canteiro (m) de flores	клумба (ж)	['klumba]

planta (f)	расліна (ж)	[ras'lina]
grama (f)	трава (ж)	[tra'va]
folha (f) de grama	травінка (ж)	[tra'vinka]

folha (f)	ліст (м)	['list]
pétala (f)	пялёстак (м)	[pʲa'lʲostak]
talo (m)	сцябло (н)	[stsʲab'lɔ]
tubérculo (m)	клубень (м)	['klubenʲ]
broto, rebento (m)	расток (м)	[ras'tɔk]
espinho (m)	калючка (ж)	[ka'lʉtʃka]
florescer (vi)	цвісці	[tsʲvis'tsi]
murchar (vi)	вянуць	['vʲanutsʲ]
cheiro (m)	пах (м)	['pah]
cortar (flores)	зразаць	[zra'zatsʲ]
colher (uma flor)	сарваць	[sar'vatsʲ]

98. Cereais, grãos

grão (m)	зерне (н)	['zerne]
cereais (plantas)	зерневыя расліны (ж мн)	[zernevʲʲa ra'slinʲ]
espiga (f)	колас (м)	['kɔlas]
trigo (m)	пшаніца (ж)	[pʃa'nitsa]
centeio (m)	жыта (н)	['ʒita]
aveia (f)	авёс (м)	[a'vʲos]
painço (m)	проса (н)	['prɔsa]
cevada (f)	ячмень (м)	[ʲatʃʲmenʲ]
milho (m)	кукуруза (ж)	[kuku'ruza]
arroz (m)	рыс (м)	['ris]
trigo-sarraceno (m)	грэчка (ж)	['ɦrɛtʃka]
ervilha (f)	гарох (м)	[ɦa'rɔh]
feijão (m) roxo	фасоля (ж)	[fa'sɔlʲa]
soja (f)	соя (ж)	['sɔʲa]
lentilha (f)	сачавіца (ж)	[satʃa'vitsa]
feijão (m)	боб (м)	['bɔp]

PAÍSES DO MUNDO

99. Países. Parte 1

Afeganistão (m)	Афганістан	[afɦani'stan]
África (f) do Sul	Паўднёва-Афрыканская Рэспубліка	[paw'dnʲova afri'kanskaʲa rɛs'publika]
Albânia (f)	Албанія	[al'baniʲa]
Alemanha (f)	Германія	[ɦer'maniʲa]
Arábia (f) Saudita	Саудаўская Аравія	[sa'udawskaʲa a'rawiʲa]
Argentina (f)	Аргенціна	[arɦen'ʦina]
Armênia (f)	Арменія	[ar'meniʲa]
Austrália (f)	Аўстралія	[aw'straliʲa]
Áustria (f)	Аўстрыя	['awstriʲa]
Azerbaijão (m)	Азербайджан	[azerbaj'dʒan]
Bahamas (f pl)	Багамскія астравы	[ba'ɦamskiʲa astra'vɨ]
Bangladesh (m)	Бангладэш	[banɦla'dɛʃ]
Bélgica (f)	Бельгія	['belʲɦiʲa]
Belarus	Беларусь	[bela'rusʲ]
Bolívia (f)	Балівія	[ba'liviʲa]
Bósnia e Herzegovina (f)	Боснія і Герцагавіна	['bɔsniʲa i ɦerʦaɦa'vina]
Brasil (m)	Бразілія	[bra'ziliʲa]
Bulgária (f)	Балгарыя	[bal'ɦarɨʲa]
Camboja (f)	Камбоджа	[kam'bɔdʒa]
Canadá (m)	Канада	[ka'nada]
Cazaquistão (m)	Казахстан	[kazah'stan]
Chile (m)	Чылі	['ʧɨli]
China (f)	Кітай	[ki'taj]
Chipre (m)	Кіпр	['kipr]
Colômbia (f)	Калумбія	[ka'lumbiʲa]
Coreia (f) do Norte	Паўночная Карэя	[paw'nɔʧnaʲa ka'rɛʲa]
Coreia (f) do Sul	Паўднёвая Карэя	[paw'dnʲovaʲa ka'rɛʲa]
Croácia (f)	Харватыя	[har'vatɨʲa]
Cuba (f)	Куба	['kuba]
Dinamarca (f)	Данія	['daniʲa]
Egito (m)	Егіпет	[e'ɦipet]
Emirados Árabes Unidos	Аб'яднаныя Арабскія Эміраты	[abʲ'ad'nanʲa a'rapskiʲa ɛmi'rati]
Equador (m)	Эквадор	[ɛkva'dɔr]
Escócia (f)	Шатландыя	[ʃat'landiʲa]
Eslováquia (f)	Славакія	[sla'vakiʲa]
Eslovênia (f)	Славенія	[sla'veniʲa]
Espanha (f)	Іспанія	[is'paniʲa]
Estados Unidos da América	Злучаныя Штаты Амерыкі	[zluʧanʲa ʃtati a'meriki]

Estônia (f)	Эстонія	[ɛsˈtɔnʲʲa]
Finlândia (f)	Фінляндыя	[finˈlʲandʲʲa]
França (f)	Францыя	[ˈfrantsʲʲa]

100. Países. Parte 2

Gana (f)	Гана	[ˈhana]
Geórgia (f)	Грузія	[ˈhruziʲa]
Grã-Bretanha (f)	Вялікабрытанія	[vʲalikabriˈtaniʲa]
Grécia (f)	Грэцыя	[ˈhrɛtsʲʲa]
Haiti (m)	Гаіці	[haˈitsi]
Hungria (f)	Венгрыя	[ˈvenhrʲʲa]
Índia (f)	Індыя	[ˈindʲʲa]

Indonésia (f)	Інданезія	[indaˈneziʲa]
Inglaterra (f)	Англія	[ˈanhliʲa]
Irã (m)	Іран	[iˈran]
Iraque (m)	Ірак	[iˈrak]
Irlanda (f)	Ірландыя	[irˈlandʲʲa]
Islândia (f)	Ісландыя	[isˈlandʲʲa]
Israel (m)	Ізраіль	[izˈrailʲ]

Itália (f)	Італія	[iˈtaliʲa]
Jamaica (f)	Ямайка	[ʲaˈmajka]
Japão (m)	Японія	[ʲaˈponiʲa]
Jordânia (f)	Іарданія	[iarˈdaniʲa]
Kuwait (m)	Кувейт	[kuˈvejt]
Laos (m)	Лаос	[laˈɔs]
Letônia (f)	Латвія	[ˈlatviʲa]

Líbano (m)	Ліван	[liˈvan]
Líbia (f)	Лівія	[ˈliviʲa]
Liechtenstein (m)	Ліхтэнштэйн	[lihtɛnˈʃtɛjn]
Lituânia (f)	Літва	[litˈva]
Luxemburgo (m)	Люксембург	[lʉksemˈburh]

| Macedônia (f) | Македонія | [makeˈdɔniʲa] |
| Madagascar (m) | Мадагаскар | [madaˈhasˈkar] |

Malásia (f)	Малайзія	[maˈlajziʲa]
Malta (f)	Мальта	[ˈmalʲta]
Marrocos	Марока	[maˈrɔka]
México (m)	Мексіка	[ˈmɛkslka]
Birmânia (f)	М'янма	[ˈmʲanma]

| Moldávia (f) | Малдова | [malˈdɔva] |
| Mônaco (m) | Манака | [maˈnaka] |

Mongólia (f)	Манголія	[manˈhɔliʲa]
Montenegro (m)	Чарнагорыя	[tʃarnaˈhɔrʲʲa]
Namíbia (f)	Намібія	[naˈmibiʲa]
Nepal (m)	Непал	[neˈpal]
Noruega (f)	Нарвегія	[narˈvehiʲa]
Nova Zelândia (f)	Новая Зеландыя	[ˈnɔvaʲa zeˈlandʲʲa]

101. Países. Parte 3

Países Baixos (m pl)	Нідэрланды	[nidɛr'landi]
Palestina (f)	Палесцінская аўтаномія	[pales'tsinska¹a awta'nɔmi¹a]
Panamá (m)	Панама	[pa'nama]
Paquistão (m)	Пакістан	[paki'stan]
Paraguai (m)	Парагвай	[paraɦ'vaj]
Peru (m)	Перу	[pe'ru]
Polinésia (f) Francesa	Французская Палінезія	[fran'tsuska¹a pali'nezi¹a]

Polônia (f)	Польшча	['pɔl¹ʃɕa]
Portugal (m)	Партугалія	[partu'ɦali¹a]
Quênia (f)	Кенія	['keni¹a]
Quirguistão (m)	Кыргызстан	[kirɦi'stan]
República (f) Checa	Чэхія	['tʃɛhi¹a]
República Dominicana	Дамініканская Рэспубліка	[damini'kanska¹a rɛs'publika]
Romênia (f)	Румынія	[ru'mini¹a]

Rússia (f)	Расія	[ra'si¹a]
Senegal (m)	Сенегал	[sene'ɦal]
Sérvia (f)	Сербія	['serbi¹a]
Síria (f)	Сірыя	['siri¹a]
Suécia (f)	Швецыя	['ʃvetsi¹a]
Suíça (f)	Швейцарыя	[ʃvej'tsari¹a]
Suriname (m)	Сурынам	[suri'nam]

Tailândia (f)	Тайланд	[taj'lant]
Taiwan (m)	Тайвань	[taj'van¹]
Tajiquistão (m)	Таджыкістан	[tadʒiki'stan]
Tanzânia (f)	Танзанія	[tan'zani¹a]
Tasmânia (f)	Тасманія	[tas'mani¹a]
Tunísia (f)	Туніс	[tu'nis]
Turquemenistão (m)	Туркменістан	[turkmeni'stan]

Turquia (f)	Турцыя	['turtsi¹a]
Ucrânia (f)	Украіна	[ukra'ina]
Uruguai (m)	Уругвай	[uruɦ'vaj]
Uzbequistão (f)	Узбекістан	[uz¹beki'stan]
Vaticano (m)	Ватыкан	[vati'kan]
Venezuela (f)	Венесуэла	[venesu'ɛla]
Vietnã (m)	В'етнам	[v¹et'nam]
Zanzibar (m)	Занзібар	[zanzi'bar]

www.ingramcontent.com/pod-product-compliance
Lightning Source LLC
Chambersburg PA
CBHW060033050426
42448CB00012B/2988